CIMIENTOS ESPIRITUALES 2, 3

INSTITUTO DE ENTRENAMIENTO MÓVIL
ISAÍAS 58

ALL NATIONS INTERNATIONAL   AGNES I NUMER
GORDON SKINNER   ANNELLA WHITEHEAD

Traducido por
ALFONSO YAÑEZ PEREZ

Cimientos Espirituales 2,3
Instituto de Entrenamiento Móvil Isaías 58

Copyright © 2020 All Nations International
ISBN: 978-1-950123-76-6
Derechos Reservados

A menos que se indique lo contrario, toda escritura es tomada de la Biblia Reina Valera 1960 (RVR)-Dominio Público. Las escrituras marcadas con (NBV) son tomadas de la Santa Biblia, versión Nueva Biblia Viva, (LBLA) La Biblia de Las Américas, (NVI) Nueva Versión Internacional, (RVA) Reina Valera Antigua y (NTV) Nueva Traducción Viviente.

Agradecimientos especiales a: Jennene Jeffrey and Veronica Sanchez

Instituto de Entrenamiento Móvil Isaías 58
Disponible para utilizar en programas de entrenamiento
Para más información o para
ordenar copias adicionales de este manual:
correo electrónico: is58mti@gmail.com
contacto: www.all-nations.org
curso en línea: is58mti.org
Transcriptores: Jennene Jeffrey, Kathy Vanzandt
Material Gráfico: George Thomas, Cheryl Johnson, Teresa Skinner
Portada: Julian Peter V. Arias and Eve Lorraine Rivers Trinidad

ÍNDICE

Prefacio	v
Introducción	ix
Viviendo Isaías 58	xiii
15. Isaías 58	1
Revisión: Isaías 58	15
16. Ser Entrenados por el Espíritu	21
Revisión: Ser Entrenados por el Espíritu	31
17. Lo Natural y lo Espiritual Fluyen juntos	35
Revisión: Lo Natural y lo Espiritual Fluyen juntos	47
18. El Flujo del Espíritu de Dios	51
Revisión: El Flujo del Espíritu de Dios	59
19. Ministrando por el Espíritu del Señor	63
Revisión: Ministrando por el Espíritu del Señor	71
20. Cristo en Ti, la Esperanza de Gloria	75
Revisión: Cristo en Ti, La Esperanza de Gloria	83
21. El Amor de Dios Demostrado	87
Revisión: El Amor de Dios Demostrado	99
22. Habitando Juntos en Armonía	105
Revisión: Habitando Juntos en Armonía	117
23. Autoridad del Reino	123
Revisión: Autoridad del Reino	139
Respuestas: Isaías 58	145
24. La Rueda de Ezequiel – La Creación de un Hombre de Dios	151
25. La Revelación de Jesucristo	153
Revisión: La Revelación de Jesucristo	173
26. Mark - Face of the Ox	177
Repaso: Marcos – Cara de Buey	189

27. Juan – Hijo de Dios   193
    Revisión: Juan – Hijo de Dios   205
28. Lucas – Cara de Hombre   209
    Repaso: El Evangelio de Lucas – Cara de   221
    Hombre
29. Mateo – Cara de León   223
    Revisión: Mateo – Cara de León   241
    Respuestas: La Rueda de Ezequiel   245

Agradecimientos   249

PREFACIO

As we travel around the world, we see pastors and leaders struggle with, "What to teach their people." Maybe they have never had Bible School training... and may never be able to afford it.

Our cry is that God will read this to you... that He will impart His Gospel to your heart, that He will train you, and that you will experience the freedom, peace power and ability to demonstrate His Love to the Nations.

May we all work together while there is time.... That He alone may be glorified.

Let Jesus take you to the Nations.....

> *"And this gospel of the kingdom shall be preached in all the world for a witness unto all nations; and then shall the end come."*
>
> — Matthew 24:14

Dedicamos este manual:
A aquellos que quieren saber... pero nunca tuvieron un maestro.
A aquellos que buscaron la visión... para correr con ella.
A aquellos que quieren saber «¿Qué sigue?»
A aquellos que son llamados a ser maestros...pero no saben qué enseñar.
A aquellos que buscan a Cristo en Nosotros, ¡la Esperanza de Gloria!

Que este manual te revele a Jesucristo y que la paz que Él ha ordenado para ti este siempre contigo.

INTRODUCCIÓN

En 1954, Dios le dio a la Rev. Agnes I. Numer la revelación de Isaías 58. Le dijo: "Este es Mi plan, para Mi iglesia, para el fin de los tiempos". Le mostró aviones, trenes, almacenes, centros de entrenamiento, centros de refugio, distribución de alimentos y mucho más.

La Rev. Numer estableció centros de entrenamiento donde los líderes recibían una visión, una esperanza, un plan y los principios del Reino de Dios. Esos líderes pusieron en práctica apasionadamente estos principios en los ministerios de todo el mundo. Dios ha sido su Jehová Jireh.

Dios también le mostró a la Rev. Agnes I. Numer una escuela de ministerio que compartiría estos principios de Su Reino con las naciones. El Instituto de Entrenamiento Móvil Isaías 58 está ahora disponible en formato impreso y libro electrónico.

Gracias.

All Nations International

Habacuc 2:2 "2 Y Jehová me respondió, y dijo: Escribe la visión, y declárala en tablas, para que corra el que leyere en ella. 3 Aunque la visión tardará aún por un tiempo, mas se apresura hacia el fin, y no mentirá; aunque tardare, espéralo, porque sin duda vendrá, no tardará".

2 Timoteo 2:2 "Lo que has oído de mí ante muchos testigos, esto encarga a hombres fieles que sean idóneos para enseñar también a otros".

La Rev. Agnes I. Numer, también conocida como la "*Madre Teresa de América*" falleció el 17 de julio de 2010 a los 95 años de edad. Ella ha dejado un tremendo legado.

Living Isaiah 58

Living a Fasted Life

VIVIENDO ISAÍAS 58

All Nations International, una iglesia, y Sommer Haven Ranch International, que entrega ayuda humanitaria sin fines de lucro, son dos organizaciones fundadas y dirigidas por la Rev. Agnes I. Numer, quien falleció el 17 de Julio de 2010 a los 95 años de edad. Ella dejó atrás un tremendo legado después de 56 años de ministerio. Estos ministerios nacieron luego de una revelación que Dios le dio sobre Isaías 58. Cuando Dios le mostró esta revelación, Él le dijo:

"Este es Mi plan para Mi iglesia para el fin de los tiempos". El Señor le mostró aviones, trenes, bodegas, centros de entrenamiento, centros para refugiados, distribución de comida y muchas otras cosas.

Es muy difícil llegar a comprender el impacto que este ministerio ha tenido a lo largo de sus más de 50 años de existencia. Es tan difícil como saber cuántos arboles contiene una semilla de manzana, porque esto es lo que este ministerio ha hecho: esparcir semillas. Muchos líderes han recibido la visión, han sido entrenados, desarrollados, alentados y apoyados. Estos líderes han salido al mundo y engendrado muchos ministerios alrededor del planeta. Ellos recibieron una visión, una esperanza y los principios del Reino de Dios y con pasión han puesto en práctica lo que han recibido.

Estos ministerios internacionales, activos al día de hoy, no piden apoyo financiero a All Nations; piden directamente a Dios. Estos ministerios han aprendido que Dios es Jehová Jireh y que Él les provee, porque ellos hacen el trabajo de Dios a Su manera. En este entrenamiento, esperamos poder impartirte los principios que ellos han recibido y que Dios ha bendecido enormemente. ¡Le damos a Dios toda la gloria! Este entrenamiento proviene de Su Espíritu para aquellos que tienen oídos para oír, corazón para recibir y la voluntad para obedecer.

Mencionemos algunas Semillas que han crecido hasta ser árboles fructíferos

Don y Sandra Tipton fundaron y dirigen Friendships International. Ellos tienen varios barcos que viajan alrededor del mundo llevando provisiones a cualquier parte que se necesite ayuda con urgencia. Su libro, Jesus and

Company, comparte la impartición de la Rev. Agnes I. Numer y la importancia del ministerio de Sommer Haven en sus vidas.

Cliff Feldman alimentó a millones de personas alrededor del mundo con las cargas de sus contenedores y ayudó a desarrollar la infraestructura para granjas de tilapia y avícolas en Sudamérica.

Amy Wang escribió un libro para compartir el impacto que este ministerio tuvo en su vida. A su cargo, tuvo un enorme ministerio que alcanzó a miles de necesitados y desamparados y los levantó para que fueran líderes. Su ministerio está localizado a una cuadra de Los Ángeles Union Rescue Mission. Ella viajó a China, Brasil, Taiwán y muchos otros países declarando el Evangelio del Reino y levantando muchos ministerios y líderes. Su hijo, el Pastor Gabriel Wang, ahora continúa llevando su visión hacia adelante.

Patricia Capwell, directora de Institute for Foundational Learning, fue entrenada en el Centro de Entrenamiento Misionero Sommer Haven. Ella dirige muchas escuelas de matrículas reducidas en Asia. Tienen un personal de 50 trabajadores a tiempo completo y son casi autosuficientes en alimentos para sus 150 residentes en poco más de 10 hectáreas.

Los nativos americanos entrenados bajo el ministerio de la Rev. Agnes I. Numer hoy en día son líderes en sus respectivas reservas a través de los Estados Unidos. Son pastores de iglesias que ellos plantaron y edificaron debido a la transformación que su ministerio tuvo en sus vidas.

Varias obras en India han comenzado y se han desarrollado en los últimos 25 años. Orfanatos, escuelas, clínicas e iglesias han surgido como resultado. Uno de estos ministerios ha ordenado a más de 350 pastores. Todos demuestran el mismo Amor de Dios como su ministerio principal.

NEEPUganda, fundada por Gertrude Kabatalemwa, provee sustento para mujeres y niños, así como educación para muchos niños de las aldeas. Su hijo, Emmanuel Mwesigye, continúa liderando el ministerio. Ellos cosechan la mayoría de su comida para alimentar a los niños y a la vez les enseñan agricultura.

Pozos, rectificadoras, escuelas grandes, proyectos de crema de cacahuate, crianza de aves y agricultura son proyectos creados en Nigeria y que están activos al día de hoy. Un proyecto de un solo pozo ha impactado de tal manera a la gente del área que hoy en día se encuentran más de 100 grupos celulares de iglesias donde sólo se encontraban 10 en el 2006. Estamos construyendo un centro de entrenamiento en el área para prepararlos a poder alcanzar a toda la región con el evangelio del Señor Jesucristo y el amor de Dios.

El tiempo no alcanza para mencionar las historias de Kazakstán, México, Camboya, Myanmar, China, Macao, Israel, Canadá, Indonesia, Haití y otros lugares que quizá olvidemos en estos momentos, pero ellos no han olvidado la semilla que han recibido.

Durante desastres

Cuando el Monte Pinatubo entró en erupción en Filipinas, nuestra gente estuvo allí y ayudó directamente a rescatar, reubicar y reconstruir al pueblo aeta que era nativo de las laderas de la Montaña. Algunos de esos aeta son miembros del personal hoy en día.

Durante el Huracán Katrina, All Nations se unió a Friendships International en unos de sus barcos y viajamos rio arriba hacia Gretna, una ciudad que estaba aislada del resto del estado, llevando suministros, cocinando para 10.000 personas al día y suministrando material de lona, clavos y martillos necesarios para miles de tejados.

Cliff Feldman fue quien administró miles de cargas de tráileres dirigidas hacia Nuevo Orleans y Mississippi.

Además de estos, podemos mencionar los disturbios de Los Ángeles, las inundaciones en Tijuana, prestar asistencia a refugiados chinos, el 9/11, East Biloxi, India Central y otros lugares y situaciones donde el amor de Dios nos mandó responder a las necesidades con Su Amor, Su Provisión y Su Gloria.

A modo local

Sommer Haven ha suplido más de ¼ de millón de libras de comida a 64,000 personas mensualmente por más de 35 años en el Valle del Antílope, California, a través de redes y distribuidores de capacitación.

Sommer Haven preparó y estableció contactos con equipos de respuesta ante crisis, listos para responder en caso de desastres en el Valle del Antílope. Estos equipos recibieron y distribuyeron comida provista por Sommer Haven cada semana, y de tal manera son entrenados y están listos para responder a las necesidades de la comunidad.

Se llevaron a cabo clases de entrenamiento para levantar líderes capaces de iniciar Esfuerzos de Jardines Comunitarios donde Dios los lleve.

All Nations continua recibiendo huéspedes Internacionales que vienen a entrenarse y también entrenamos grupos e individuos de los Estados Unidos que se están preparando para sus misiones. All Nations trabaja en conjunto con otros ministerios que tienen el mismo corazón y están dispuestos a colaborar.

CAPÍTULO 15
ISAÍAS 58

Ya que All Nations y Sommer Haven comenzaron con la revelación que Dios le dio a Agnes en Isaías 58, partamos hablando de esta fundamental escritura. Muchos de los principios por los cuales vivimos, sin que en aquel entonces los llamáramos así, vienen de este poderoso capítulo. Queremos dejarte en claro que nosotros honramos toda la palabra de Dios, mas Él fue quien nos comunicó este capítulo en particular de una manera inusual y lo hizo el tema central de nuestro ministerio.

El ayuno que Dios no ha escogido

Todos tenemos la tendencia de pensar que estamos sirviendo a Dios de una manera correcta y agradable al Señor. Se nos dificulta oír algo diferente, especialmente cuando nuestra manera parece ser la correcta y muchos otros coinciden en ello. Esto puede ser muy difícil de escuchar para nosotros: que estamos haciendo algo "bueno" que no es totalmente de Dios.

Esto fue lo que se le dijo a Isaías:

"Clama a voz en cuello, no te detengas; alza tu voz como trompeta, y anuncia a mi pueblo su rebelión, y a la casa de Jacob su pecado". Isaías 58:1

¿No es comúnmente cierto que se nos tiene que mostrar algo diferente para "ver" dónde nos estamos quedando cortos? Veamos dónde se perdió el pueblo de Dios en este capítulo y analicemos si esto nos ayudará a abrir los ojos a las áreas que nos impiden tener lo mejor de Él. Tomemos un minuto para orar y abrir nuestros corazones ahora mismo y pedirle a Dios que nos ayude para poder ver.

La gente en este capítulo buscaba a Dios diariamente y Le pedía que les diera buenas ordenanzas (caminos o leyes), y se deleitaba en Sus Caminos y en acercarse a Él (sintiendo Su presencia).

"Que me buscan cada día, y quieren saber mis caminos, como gente que hubiese hecho justicia, y que no hubiese dejado la ley de su Dios; me piden justos juicios, y quieren acercarse a Dios". Isaías 58:2

No entendían por qué, a pesar de que estaban buscando, ayunando y humillando sus almas, Dios no contestaba.

"¿Por qué, dicen, ayunamos, y no hiciste caso; humillamos nuestras almas, y no te diste por entendido?". Isaías 58:3

Dios mandó a Isaías a que alzara su voz como trompeta y les declarara las áreas donde no estaban complaciendo a Dios.

¿Qué son estas cosas que mencionó Isaías cuando alzó su voz como trompeta?

En el día de vuestro ayuno buscáis vuestro propio gusto

Hay una actitud que tenemos que se basa en que seamos el centro de atención o, peor todavía, que nos miren, o posiblemente en qué podemos obtener espiritualmente al ayunar. El buscar a Dios no se trata de nosotros. Es más importante que se trate de Él y lo que está en Su corazón. Nuestro Dios Padre nos ama. Él quiere reunirse con nosotros y compartir Su Corazón con nosotros y cómo Él ama a los quebrantados que necesitan de Él.

Oprimís a todos vuestros trabajadores

Algunas versiones dicen que esto significa "exiges a tus trabajadores más de la cuenta". Esto suena como una falta de generosidad en el trabajo y con los trabajadores, ser duros en los asuntos de negocios, o no tener piedad ni compasión en esta área. Dios desea fluir en cada área de nuestras vidas, incluyendo la forma en que hacemos negocios.

Para contiendas y debates ayunáis

Nuestra carne ama ser espiritual, y ser más espiritual que la de nuestro prójimo, incluso más poderosa. Puede haber mucha competencia entre los líderes de Dios. La palabra de Dios es muy honesta sobre las deficiencias y fortalezas de los "héroes de la fe". Orgullo y competencia en nuestras vidas pueden revelarse incluso cuando estamos ayunando.

"¿De dónde vienen las guerras y los pleitos entre vosotros? ¿No es de vuestras pasiones, las cuales combaten en vuestros miembros?". Santiago 4:1

Ayunáis y para herir con el puño

¿Podría ser que algunos de ellos estaban haciendo el equivalente de vudú espiritual sobre otras personas? Las oraciones equivocadas pueden afectar al pueblo de

Dios, incluso cuando se hacen por ignorancia. Si no amamos a aquellos por los cuales estamos orando, no veremos las cosas de la manera que Dios las ve y no estaremos orando de acuerdo a Su corazón. Esta parte no es muy bonita. Estas personas estaban tan seguras de que tenían razón, que estaban dispuestas a "luchar por ello".

"...no ayunéis como hoy, para que vuestra voz sea oída en lo alto". Isaías 58:4

También podemos estar bastante impresionados con nosotros mismos y nuestra abnegación, pero Dios dijo que no estaba impresionado por sus rituales religiosos autoinfligidos. Todo lo que no es hecho para el Señor es pecado. Jesús habló contra las prácticas de los Fariseos y Saduceos que amaban los rigores religiosos (te recomiendo leer Mateo 23). Hay algo en nuestra carne que ama estas cosas, pero hasta que permitamos que Dios haga brillar la luz en estas áreas, no seremos verdaderamente "escuchados en lo alto", seguiremos pensando que lo estamos haciendo muy bien.

Dios preguntó: "¿Es tal el ayuno que yo escogí, que de día aflija el hombre su alma, que incline su cabeza como junco, y haga cama de cilicio y de ceniza? ¿Llamaréis esto ayuno, y día agradable a Jehová?". Isaías 58: 5. También lee Zacarias 7:5.

A Isaías 58 a menudo se le refiere como el "capítulo del ayuno" y la gente realiza ayunos largos basados en este capítulo. Esto pierde el verdadero punto que Dios está enfatizando: que simplemente negarnos a nosotros mismos comida, agua u otras cosas no será lo que llegará al oído de Dios. Este no es el tipo de ayuno que hará los cambios más profundos del corazón que estamos buscando en nosotros mismos. ¿Qué conmueve el corazón de nuestro Padre? ¿Cómo seremos escuchados en lo alto?

Este es el Ayuno que Yo Escogí – Isaías 58

Hay otro tipo de abnegación que Dios deja muy claro que será tan agradable para Él que escuchará todos nuestros susurros. Hay un ayuno que Él ha escogido.

Desatar las ligaduras de impiedad

Si vivimos una vida de ayuno, nos preocupamos más por la esclavitud espiritual y las adicciones de las personas de lo que nos preocupamos por nosotros mismos, y le permitimos a Él fluir a través de nosotros, Él desatará estas ligaduras. Es incómodo, inconveniente y desconocido para nosotros, pero al pasar por todo lo que es incómodo, encontraremos al Consolador supliendo todas nuestras necesidades y carencias. Es como caminar sobre el agua.

Soltar las cargas de opresión

La gente acarrea muchas cosas pesadas como pena, preocupación, culpa, pobreza, deudas, preocupaciones familiares, etc. A Dios le importa y quiere demostrarlo a través de nosotros. Cuando una familia está pasando por una situación pesada, podemos estar allí con el Amor de Dios para levantar la pesadez.

Dejar ir libres a los quebrantados

La opresión demoníaca, ya sea en forma de temor, tormento, suicidio o violencia, puede ser destruida a medida que llegamos a ser Su representante. Muchas personas llegaron a nuestro ministerio tanto de día como de noche con una seria necesidad de ser liberadas. No importaba el día o la hora, si el Espíritu del Señor se movía, nos movíamos con Él, dejando a un lado cualquier otra cosa que estuviéramos haciendo para ministrarlos. Muchos fueron liberados gloriosamente. Cada vez que dejamos nuestra vida por nuestros hermanos, también llegamos a ser más gloriosamente libres.

Partir tu pan con el hambriento

Dios se preocupa y provee; quiere satisfacer las necesidades de las personas que tienen hambre a través de nosotros. Alimentar a los hambrientos es un trabajo duro e inconveniente; la gente a menudo será desagradecida; y no muchos se darán cuenta de nosotros. Se convierte en un gozo sólo cuando Su amor y Espíritu fluyen a través de nosotros. Tenemos que dejar a un lado nuestra carne una y otra vez y tomar Su unción para tocar a las personas necesitadas con Su amor, gozo y gracia. Nuestra carne a menudo se revela, se queja y pone excusas, pero a medida que avanzamos más profundamente en el flujo de Su Espíritu, encontraremos vida; Su vida de resurrección. Él escucha este tipo de ayuno.

Cubrir al desnudo

¿Notaste el agujero en su zapato?; ¿Viste a la niña mirar hacia abajo porque sabe que su ropa está rota? ¿Puedes ver lo que Dios ve? ¿Puedes imaginar el amor que sentirían si alguien les llevara lo que necesitan en una demostración de bondad tal que sus vidas nunca serían las mismas? ¡Eso es ayunar!

Albergar a los pobres errantes en tu casa

Una cosa sobre los pobres errantes es que nadie los quiere... excepto Dios. Él murió por ellos. Llevar este tipo de personas a tu casa requiere una gracia extra que sólo viene cuando comienzas a hacerlo. Es probable que no sea fácil al principio y haya muchas inconveniencias, y probablemente un poco de miedo. Si dejamos esto a un lado, Él los amará a través de nosotros. ¡Oh! ¡Qué rápido cambiaremos!

Cuidar nuestra propia carne

Bueno, todos sabemos que a veces la gente más difícil de amar son los miembros de nuestra propia familia. Podemos estar tan ocupados ministrando o en nuestros asuntos que pasamos por alto a los más cercanos a nosotros. ¿Podemos ministrar el Amor de Dios y ver las necesidades de aquellos en nuestro propio hogar? Dios no se olvidó de este importante equilibrio en nuestra vida en este capítulo. Ser una buena madre o un gran hermano mayor realmente puede requerir negarnos a nosotros mismos. Una hermanita puede ser una molestia justo en momentos en que estamos listos para relajarnos. Adelante, niégate a ti mismo y ámala. Muchos pastores y ministros se olvidan de esta parte y sufren los resultados más tarde en la vida. Él te ungirá para amar a tu familia. Habrá muchas personas que te adoptarán también. Tenemos muchos maestros, muchos líderes, pero muy pocos "Padres" y Madres.

Satisfacer las necesidades de las almas hambrientas y afligidas

Las almas hambrientas no necesitan nuestra simpatía, necesitan Su compasión sanadora, Su bondad amorosa, pero a menudo son las personas más difíciles de amar. Ellas establecen sus paredes de ira y rechazo y tratarán de evitar que las vuelvan a lastimar. Lo que más necesitan es el amor de Dios a través de otras personas. ¿Buscaremos a Dios hasta que tengamos la sabiduría, la autoridad y la gracia para llegar a ellas? ¿Trabajaremos hasta que sean sanadas?

Esto es derramar nuestra propia alma para satisfacer las necesidades de otros. Esto es el Verdadero Ayuno.

Las almas hambrientas pueden ser exigentes y agotadoras. Parece que nunca pueden ser llenadas. Sólo podemos dar lo que Él nos da. Busquémoslo para que su ministerio fluya más a través de nosotros. Necesitan a Jesús a través de nosotros.

Deja de hacer yugos, apuntar con el dedo y hablar vanidades.

(**Yugos** = las esclavitudes religiosas que llevamos y ponemos en otra gente).

"Porque atan cargas pesadas y difíciles de llevar, y las ponen sobre los hombros de los hombres; pero ellos ni con un dedo quieren moverlas". Mateo 23:4

Isaías 10:1; Lucas 11:46; Hechos 15:10; Mateo 23:5: "hacen todas sus obras para ser vistos por los hombres".

Las enseñanzas, prácticas y políticas pueden llevarnos a creer lo grandes que somos, pero no llevan a la gente a Jesús. Son yugos. Jesús vino a liberar a los hombres. Él vino a cumplir la ley a través de amar a Dios, no a través de reglas. La gente necesita un cambio de paradigma que sólo viene mediante un encuentro con Dios. **DEJA** de vivir según las reglas y forzar su cumplimiento en el resto.

Señalar con el dedo acusadoramente a los demás. Encontrar fallas, deshonrar.

Cuando **DEJAMOS** de señalar con el dedo y comenzamos a interceder para que Dios se mueva en las vidas de las personas, Él nos escucha. Entonces, comenzaremos a vivir una vida basada en honrar, alentar, edificar, nutrir y servir.

Palabras vanas. "Balbuceos bíblicos", tópicos, respuestas simples, fórmulas religiosas y clichés que suenan muy atractivos.

Lo que la gente realmente necesita es nuestra transparencia y la compasión de Dios a través de nosotros. No tenemos todas las respuestas. Pero cuando actuamos como si las tuviéramos, ofendemos a la gente y a Dios. Él es la única respuesta y Él será la respuesta a través de nosotros cuando **DEJEMOS** las palabras vanas.

Honra el día de reposo y deléitate en el:

No hablando tus propias palabras. Deléitate en hablar Sus palabras.

No buscando tus propios gustos. Deléitate en hacer Su voluntad.

No buscando tus propios caminos. Deléitate en encontrar Su corazón y conocer Sus caminos.

De tal manera vivió Jesús.

"Respondió entonces Jesús, y les dijo: De cierto, de cierto os digo: No puede el Hijo hacer nada por sí mismo, **sino lo que ve hacer al Padre**; porque todo lo que el Padre hace, también lo hace el Hijo igualmente". Juan 5:19

"Porque yo no he hablado por mi propia cuenta; el Padre que me envió, Él me dio mandamiento de lo que he de decir, y de lo que he de hablar". Juan 12:49

"Porque las palabras que me diste, les he dado...". Juan 17:8

Puede que no nos importe hacer la voluntad de Dios si podemos hacer las cosas a nuestra manera.

Hay un día de reposo al cual podemos entrar. Hebreos 4 dice que algunos deben entrar a pesar de sus quejas y su incredulidad . ¿Confiamos en Él cuándo se nos acaba la habilidad? ¿o preferimos quejarnos? Cuando las cosas no se ven bien, ¿podemos declarar Su palabra en la situación y descansar?

"Por tanto, queda un reposo para el pueblo de Dios. 10 Porque el que ha entrado en su reposo, también ha reposado de sus obras, como Dios de las suyas". Hebreos 4:9-10

Hay un lugar en Dios en donde estamos haciendo Sus obras en Su Fortaleza. Un rio comienza a fluir a través de nosotros que también trae descanso para nuestros cuerpos, pero primero debemos **DETENER** nuestra propia labor . Dios nos puede entrenar si se lo pedimos.

AHORA... Comenzamos a Edificar con Dios trayendo Su Reino a la Tierra

Isaías 58:12-14

Edificar las ruinas antiguas

El enemigo viene a robar, matar y destruir, mas Jesús vino a darnos vida en abundancia. Esa vida abundante en nosotros comienza "a hacer toda cosa nueva". Los lugares que se han estropeado espiritual y naturalmente durante generaciones serán edificados a través de personas llenas de Su Espíritu y Su Reino. Él sabe cómo tomar lugares maltrechos y convertirlos en un jardín fructífero.

"Ciertamente consolará Jehová a Sion; consolará todas sus soledades, y cambiará su desierto en paraíso, y su soledad en huerto de Jehová; se hallará en ella alegría y gozo, alabanza y voces de canto". Isaías 51:3

Cuando hemos ido a zonas de gran necesidad, y limpiamos y reparamos mediante actos naturales que demuestran el amor de Dios, hemos experimentado muchas veces que Dios trae la libertad en los reinos espirituales.

Los cimientos de generación y generación levantarás

Las personas, las familias y las comunidades están quebrantadas hasta sus cimientos. Por lo general, hay una larga historia de eventos traumáticos que han roto el tejido de su sociedad. A menudo, llevan una identidad de víctimas y no de vencedores. Estos cimientos de vidas y comunidades pueden ser levantados nuevamente a través del pueblo de Dios. Pueden volver a tener un fundamento firme y una nueva identidad sobre la que construir basada en el perdón, la reconciliación y la restauración.

Reparar los portillos

Los portillos son huecos rotos en muros de piedra que permiten el libre acceso a los predadores y enemigos. A veces los llamamos "puertas abiertas para el enemigo". Si la gente cree mentiras, serán blancos fáciles. Salmo 91:4 "Escudo y adarga es su verdad" (ambos se utilizan como protección contra el enemigo). Cuando a las personas les faltan principios del Reino de Dios, tienen portillos. ¿Podemos dejar que Jesús llene esos vacíos en nosotros con la verdad para que la gente pueda estar en libertad?

Restaurar calzadas para habitar

Una calzada se crea con los pasos de muchos pies que recorren frecuentemente un lugar. Son los hábitos de un pueblo; la vida cotidiana, donde viven y cómo viven todos los días. Para mucha gente, hubo una vez una calzada que recorrieron sus ancestros, pero perdieron su camino, como muchos de nuestros queridos nativos americanos. Para otras personas, es difícil vivir sin suficiente comida, agua o recursos. En Nigeria, la caminata de 3 millas que muchas personas hacen cada mañana al río lodoso para recoger agua, formó una calzada. Mas el pozo comercial que este día sirve a más de 10,000 personas a recortado la calzada y el agua ya no las enferma. Ahora saben que hay un Dios en el cielo que se preocupa por ellas.

Restaurar a personas, familias, aldeas y comunidades quebrantadas está cerca del corazón del Dios Padre. La mala salud y nutrición acortan el camino de la vida de una madre, lo que provocará que sus hijos tendrán que criarse a sí mismos. Para que la gente viva y prospere, Jesús quiere traerles agricultura, saneamiento, agua limpia, salud e higiene, pequeñas empresas, educación y desarrollo comunitario.

"Me mostrarás la senda de la vida; En tu presencia hay plenitud de gozo; Delicias a tu diestra para siempre". Salmo 16:11

"Confortará mi alma; Me guiará por sendas de justicia por amor de su nombre" Salmo 23:3. Dios quiere un pueblo que pueda vivir en Su presencia y camine en Sus caminos de rectitud y lleve Su Reino a "todas las tribus, pueblos y lenguas".

Luz, Salud, Rectitud, Gloria: Esto es la herencia del Pueblo de Isaías 58

"Entonces nacerá tu luz como el alba, y tu salvación se dejará ver pronto; e irá tu justicia delante de ti, y la gloria de Jehová será tu retaguardia. **9** Entonces invocarás, y te oirá

Jehová; clamarás, y dirá él: Heme aquí...luz, y tu oscuridad será como el mediodía". Isaías 58-10

"Jehová te pastoreará siempre, y en las sequías saciará tu alma, y dará vigor a tus huesos; y serás como huerto de riego, y como manantial de aguas, cuyas aguas nunca faltan". Isaías 58:11

"Entonces te deleitarás en Jehová; y yo te haré subir sobre las alturas de la tierra, y te daré a comer la heredad de Jacob tu padre; porque la boca de Jehová lo ha hablado". Isaías 58:14

Dios declara a través de Isaías que seremos como huerto de riego, saciados y nunca secos. Dios declara que nos deleitaremos en Él; Él nos guiará continuamente: Nunca nos hará falta Su buena dirección.

Dios declara que seremos llenos de luz como el medio día. Que nos levantaremos y nuestra luz será vista por muchos (lee **Isaías 60**).

Dios dijo que nos alimentaria con lo que le prometió a Jacob.

Dios dijo que entonces nos subiremos a los lugares altos de la tierra... con Él.

Su propia boca ha declarado prosperidad, bendición, favor en lugares altos, favor con Dios, y experiencias espirituales con Dios. Todo lo que Dios realmente quiere decir con esto sólo puede ser alcanzado aprendiendo a ser humildes y servir mejor y amar más fuerte y creer más... PARA OTROS.

Porque la boca de Jehová lo ha hablado

Este es uno de los capítulos que Dios "firmó" con Su Nombre.

La frase es usada solamente 4 veces en toda la biblia. Estas promesas son respaldadas por Él.

Todo el Cielo está detrás de estas palabras para cumplirlas.

Ahora, repasemos:

REVISIÓN: ISAÍAS 58

1. El profeta Isaías tuvo que levantar su voz como una trompeta porque la gente:

a. Vivía lejos

b. No podía oír lo que Dios decía

c. Vivía en las montañas

d. Tocaba música muy fuerte

2. Dios siempre nos escucha cuando buscamos Su rostro y adoramos.

a. Verdadero

b. Falso

3. "Para contiendas y debates ayunáis" se refiere a:

a. Practicas empresarias impías

b. La actitud basada en que el resto nos ponga atención

c. Orgullo y competencia entre los líderes de Dios

d. Estar dispuestos a pelear por estar en lo correcto

4. ¿Como se desatan las ligaduras de impiedad?

a. Viviendo una vida de ayuno

b. Orando más fuerte y por más tiempo

c. Levantando pesas

d. Sentándonos en las cenizas vistiendo un saco de tela

5. Alimentar al hambriento en Isaías 58:6 significa dar comida espiritual (como la predicación) a la gente.

a. Verdadero

b. Falso

6. "Cuidar tu propia carne" significa:

a. Cepillarte los dientes antes de reunirte con gente

b. Cuidar de tu propia familia con el amor de Dios

c. Tener simpatía por la gente

d. Dormir lo suficiente por la noche

7. Podemos honrar el día de reposo:

a. No comiendo en todo el día

b. Asistiendo a varios servicios de iglesia

c. Deleitándonos en cumplir Su voluntad y hablar Sus palabras

d. Descansando tiempo extra ese día

8. Llevar a cabo actos de bondad de manera práctica puede tener grandes resultados espirituales.

a. Verdadero

b. Falso

9. ¿Qué son los portillos?

a. Pequeños insectos acuáticos

b. Correas de cuero que sujetan la armadura de un guerrero

c. Los círculos vigorosamente coloreados usados para el tiro al blanco

d. Huecos de verdad en las vidas de las personas que permiten la entrada a los enemigos

10. Podemos restaurar calzadas para habitar:

a. Mejorando los caminos para que la gente pueda viajar fácilmente

b. Ayudando a las familias y comunidades quebrantadas a recuperarse y prosperar

c. Mediante la construcción de casas en las carreteras principales

d. Instalando nuevas señales de detención a modo de seguridad

11. "Los cimientos de generación y generación levantarás" significa:

a. Construir nuevas casas para la gente

b. Darle a la gente una nueva identidad en la cual puedan edificar un futuro

c. Enseñar la verdad que llena los portillos espirituales

d. Dar a tus hijos una buena educación

12. Traer el Reino de Dios a una aldea incluye solamente verdades y principios espirituales.

a. Verdadero

b. Falso

13. En este capítulo, cuando nos negamos a nosotros mismos para poder amar a otros, Dios promete que:

a. Seremos ricos

b. Seremos los más grandes de Su Reino

c. Seremos como un huerto de riego, nunca secos

d. Tendremos el vehículo más nuevo

14. El ayuno de Isaías 58 libera todo lo que Dios prometió a Jacob:

a. Verdadero

b. Falso

15. ¿Quién firmó su nombre bajo las promesas de este capítulo?

a. Jeremías

b. Joel

c. Dios

d. Isaías

CAPÍTULO 16

SER ENTRENADOS POR EL ESPÍRITU

Aprender a oír la voz del Señor

Agnes a menudo decía: "No es difícil oír la voz del Señor, todo lo que tienes que hacer es **sacar la basura de tu vida**. Tienes demasiadas otras cosas en la cabeza". También nos decía: "Quítate esas cosas de los oídos. Dios quiere hablar contigo, pero, ¿cómo puede hacerlo cuando siempre tienes música?".

El mundo, la carne, el diablo y toda la gente que nos rodea nos hablan y proyectan mensajes hacia nosotros, pero **podemos aprender** en medio de todo lo que está sucediendo a oír Su voz apacible. Él conoce el camino y ama hablar con Sus hijos.

El único que puede entrenarnos es el Espíritu del Señor. Si aprendemos a oír y confiar en la voz de Dios, entonces Él puede dirigirnos hacia cualquier dirección, pero tenemos que ser entrenados para oír, aprender y obedecer. Hay muchas actitudes, distracciones y resistencias en nuestras vidas que nos impiden estar abiertos a lo que está en Su corazón. Estas cosas tienen que ser rendidas a Él y ser cambiadas por Él. Es un proceso.

Esto es ENTRENAMIENTO

Toma todo como Entrenamiento

Podemos batallar la obra del Espíritu Santo en nuestras vidas si queremos, pero esto sólo hace que el proceso sea más largo y difícil. ¡Si sólo pudiéramos aprender a confiar en Él, rendirnos a Él y cooperar con lo que Él está haciendo en nuestras vidas! Si realmente pudiéramos entender que Él nos está formando para un propósito particular para poder llevar Gloria a Dios, entonces podríamos cooperar con Él, incluso con alegría. Lee Santiago 1:2-4.

Podemos decidir que, de ahora en adelante, tomaremos todo lo que nos sucede como entrenamiento. ¡No importa lo que sea! Podemos confiar que Él no nos probará más de lo que podemos soportar. Podemos estar seguros de que Él está haciendo algo bueno en nuestros corazones ya que el sólo puede hacer cosas buenas. Podemos saber que, si damos completamente nuestra vida a Su servicio, Él nos aceptará y comenzará de inmediato a **ENTRENARNOS**.

¿Por qué no orar una oración de entrega y compromiso en este momento? ¿Por qué no invitar al Espíritu Santo a tener dominio sobre nosotros? ¿Por qué no decidir que, de ahora en adelante, lo que suceda lo tomarás como entrenamiento? ¿Por qué no declarar en este momento, "Estoy siendo entrenado para ser un poderoso ministro del amor y Gloria de Dios"?

El Proceso de Forjar al Pueblo de Dios

Agnes ministraba a menudo sobre el viejo molino de acero justo al otro lado del río donde su familia vivía en Ohio. Ella solía describir la brillante luz ardiente y cómo se derretían las impurezas del acero bajo un calor intenso y luego eran empapadas con agua. El proceso continuaba con la formación de ese acero en vigas que serían capaces de soportar las tensiones de llevar vehículos a través de largos tramos de puentes durante años sin romperse. Esas vigas debían ser fortalecidas correctamente para que no se doblaran o agrietaran debido al peso.

Los herreros golpean el acero de varias formas cuando se ha aplicado suficiente calor al metal para casi derretirlo. Muchas áreas de nuestras vidas requieren que el ENTRENADOR experto, el Espíritu Santo, nos coloque en algunos puntos críticos hasta que estemos listos para ser derretidos. Es entonces cuando puede formarnos a ser el instrumento que es adecuado para su trabajo. Mas todavía no estamos listos. Después, Él nos empapa con aceite fresco o agua fresca para forjarnos y endurecernos lo suficiente. Todo este proceso sucede en las manos de un experto. Tenemos que aprender a confiar en que Él sabe lo que hace y que estamos en Sus manos.

Sacar la basura de tu vida

Bueno, ahora que nos hemos rendido al Espíritu Santo y decidido tomar todo como entrenamiento y entendemos un poco acerca del proceso, comencemos. Amamos al Señor y disfrutamos de la adoración, pero hay personas me que molestan... ups, el entrenamiento ha comenzado en serio. "¡Oh no, no sabía que Dios iba a usar gente!". "¿Quieres decir que tengo que trabajar con esas personas?". ¡Si! Tenemos que aprender a amar a cada persona a nuestro alrededor y ser amables y llevarnos bien con ellas. Esto hace la obra de Su naturaleza en nosotros. No podemos hacerlo solos. Lo que está en nosotros es egoísta yególatra, pero Él sabe cómo exponer esto y eliminarlo.

Nos gusta culpar a **otros** por ser tan desagradables, pero si tomamos todo como entrenamiento, tendremos que admitir que **nosotros** tenemos "**basura**" en esa área. Tenemos que aceptar más gracia y más de Su amor. Deja que Dios trate con **esas** personas; mas tú tienes que permitirle que Él te cambie hasta que seas libre y puedas amarles. Entonces podrás comenzar a ministrarles.

¿Qué es "basura"? Es pecado, la vieja naturaleza Adámica, hábitos, carácter pobre, maldiciones en nuestras vidas, cosas que heredamos, heridas que no han sido sanadas, mentiras que creemos, pensamientos equivocados, actitudes desagradables, prejuicios, rebelión, resistencia, carne, impurezas, terquedad, mal humor, codicia, ira, incluso asesinato o suicidio, etc., etc., etc.

Todos tenemos basura. Intentamos esconderla tal como Adán y Eva. Somos mejores para ver estas cosas en otras personas que en nosotros mismos. Podemos ser libres si queremos. El amado Espíritu Santo y Fuego nos ayudarán a SACAR LA BASURA de nuestras vidas, y Él usará personas y circunstancias para este propósito.

Lleva tu basura a la Luz para que sea removida

Cuando nos proponemos convertirnos en recipientes de honor, nos ponemos del lado de Dios contra toda cosa deshonesta. Dios quiere limpiarnos y será feliz de hacerlo. Cuando el Espíritu Santo expone esas cosas en nosotros, comenzamos a VER NUESTRA PROPIA BASURA. De hecho, hará que nuestra basura sea tan obvia para nosotros y para otros que ya no podremos negarla, aunque luchemos. Una vez que empecemos a ver la BASURA como nuestro enemigo y rompamos nuestro acuerdo con ella, esas cosas ya no serán nuestras "amigas". De hecho, podemos incluso **llevarlas a la luz**. Esto significa que las confesamos a alguien y Dios las puede remover. Quiere removerlas y lo hará tan pronto como **estemos** listos.

"Así que, si alguno se limpia de estas cosas, será instrumento para honra, santificado, útil al Señor, y dispuesto para toda buena obra". II Timoteo 2:21 (es decir, útil para el Maestro de muchas maneras).

Algo en nuestras vidas que nos impide "llevar cosas a la luz" es la vergüenza. Las personas esconden sus pecados por muchos años y el diablo las atormenta y mantiene en esclavitud. La vergüenza es temor. Está basada en una mentira. La mentira nos hace pensar cosas como "Si se enteran..." o "Nunca podré admitir que una persona como yo ha hecho..." (esto es orgullo). De hecho, todos somos pecadores quebrantados, salvos por Su Gracia.

En nuestra comunidad, queremos ayudarnos unos a otros a ser libres. Una vez que ya hemos probado el gozo de la libertad, estamos listos para cooperar con el Espíritu Santo. También, una vez que aprendemos a confiar unos en otros sin perder honor, nos liberamos mucho más pronto. En el amor no hay temor. El amor perfecto hecha afuera el temor. Una vez que nos amemos unos a otros con Su amor, podemos ayudarnos mutuamente. No hay vergüenza si decides enfrentarte al enemigo.

Hay una hermosa imagen en los preparativos para un matrimonio que hacen la novia y sus doncellas. Todas ellas trabajan juntas, planeando, preparando y ayudándose mutuamente a estar listas. Todo debe estar limpio y reluciente. No puede quedar ninguna mancha. Se ríen y hablan y se arreglan el cabello y sus caras. Si el cuerpo de Cristo pudiera ayudarse unos a otros a estar listos con este mismo espíritu, ¡con qué rapidez podríamos llegar a ser limpios y útiles para nuestro Maestro!

Otros Señores aparte de Dios

Ninguno de nosotros tenía la esperanza de vivir para Dios y llevar Su Amor y Su Gloria a personas necesitadas, porque nosotros mismos estábamos muy estropeados. Algunos de nosotros estuvimos muy atormentados y poseídos desde muy jóvenes. Habíamos cometido todo tipo de pecado y teníamos casi todo tipo de esclavitud que el diablo podía traer. Cuando Agnes ministró por primera vez esta escritura, la grandiosa alegría y la esperanza surgieron en todos nosotros. "¿Quiere decir que podemos tener paz? ¿Podemos ser libres? Dios, ¿trabajarás todas tus obras en nosotros? ¡GUAU!".

"Jehová, tú nos darás paz, porque también hiciste en nosotros todas nuestras obras. 13 Jehová Dios nuestro, otros señores fuera de ti se han enseñoreado de nosotros; *pero* en ti solamente nos acordaremos de tu nombre. 14 *Muertos* son, no vivirán; han fallecido, no resucitarán; porque los visitaste, y destruiste y deshiciste todo su recuerdo". Isaías 26:12-14 (RVA)

La parte "y deshiciste todo su recuerdo" es la más asombrosa de todo. ¿Cómo puede ser que todas estas cosas que nos han mantenido atados todos los días durante años pueden romperse? ¿Podríamos ser tan libres al punto de no poder recordar cómo fuimos alguna vez? Esta fue una revelación increíble y emocionante.

Sin importar la doctrina acerca de que tenemos otros "Señores" en nosotros además de Dios, sabíamos que esos Señores estaban allí y que había llegado la palabra de que podíamos ser libres. Dios CASTIGÓ a esos otros señores demoníacos. Murieron; fallecieron para que realmente no tuviéramos "ningún otro dios aparte de Ti". Ningún otro señor tendría dominio sobre nosotros.

Muerto significa que ya no vive. Fallecido significa muerto, enterrado y con certificado de defunción. Significa que "ya no está en este domicilio". Significa que no puedes encontrarlo en ningún otro lugar.

El Espíritu de Juicio y el Espíritu de Devastación

Cuando el Espíritu Santo exponía un área de nuestra vida, entonces la "llevábamos a la luz". Luego, el Espíritu de Juicio y Devastación venia y se encargaba del diablo y sus obras, y consumía la carne y sus obras.

"Y acontecerá que el que quedare en Sion, y el que fuere dejado en Jerusalén, será llamado santo; todos los que en Jerusalén estén registrados entre los vivientes, 4 cuando el Señor lave las inmundicias de las hijas de Sion, y limpie la sangre de Jerusalén de en medio de ella, con espíritu de juicio y con espíritu de devastación". Isaías 4:3-4

Juicio para el diablo y sus obras

"y de juicio, por cuanto el príncipe de este mundo ha sido ya juzgado". Juan 16:11

Lee Juan 12:31, Juan 14:30, Efesios 2:2 y Colosenses 2:15.

Hemos hecho pactos con el diablo y juramentos dentro de nosotros mismos que nos atan. Un vendedor de automóviles usados deshonesto te hará firmar un contrato que es injusto y engañoso porque sabe que en verdad quieres ese atractivo automóvil y por ley tienes que "pagar todo". Dios viene y rompe estos pactos injustos y engañosos que hemos creado si renunciamos a ellos.

Devastando las Obras de la Carne

Es el calor del fuego el que refina el metal hasta que es puro. "Él te bautizará con el Espíritu Santo y fuego", dijo Juan el Bautista. ¡Cuánto necesitamos este fuego purificador que nos prepare a ser ministros de Su Gloria! Oh, cómo necesita el mundo ver personas que han vencido la carne para tener esperanza. Bajo Juan el Bautista, vidas fueron cambiadas cuando se arrepintieron y fueron bautizadas, mas Juan sabía que todavía estaban en necesidad; "pero viene uno más poderoso que yo...él os bautizará en Espíritu Santo y fuego". Mateo 3:6; Lucas 3:16.

Nuestro Dios es un Fuego Consumidor. En Su amor, Su presencia, Su santidad, nos deshacemos. Él nos transforma en Su imagen de Gloria en Gloria con el fuego de Su presencia.

Unas de las llaves de Su Reino es ser entrenados por Él para oír Su voz. Él dijo que sus ovejas conocen mi voz y a un extraño no seguirán. Es natural oír Su voz y ser guiados por Él. Pablo dijo: "Porque todos los que son guiados por el Espíritu de Dios, éstos son hijos de Dios". Cuando Él nos hace libres y establece Su reino en nuestros corazones, Él comienza a entrenarnos a hacer la voluntad del Padre, así como Él lo hizo mientras estuvo en la tierra. Él nos guiará a través de un proceso que nos prepara a confiar en Él en todas las cosas. Seremos firmes, mientras Él sacude todo lo que puede ser sacudido. Él formará Su Reino en nosotros y luego nos llevará al mundo para poder demostrar Su amor a través de nosotros.

¿Invitaste al Espíritu Santo a que haga Su voluntad en ti? ¿Has decidido que, de ahora en adelante, no importe lo que suceda, lo tomarás como entrenamiento? ¿Estás practicando llevar cosas a la luz? ¿Por qué no declarar de nuevo en este momento "Estoy siendo entrenado para ser un maravilloso ministro del amor de Dios y Su Gloria?".

REVISIÓN: SER ENTRENADOS POR EL ESPÍRITU

1. ¿Cuál es la llave para oír la voz de Dios claramente?

   a. Escuchar música suave

   b. Memorizar versículos de las Escrituras

   c. Permitirle tratar con actitudes, distracciones y resistencias en nuestras vidas

   d. Usar auriculares

2. Algo que estamos haciendo que causa que el proceso de entrenamiento se prolongue:

   a. Pelear y resistir la obra del Espíritu Santo en nuestras vidas

   b. Confiar completamente en la palabra de Dios

   c. Rendirnos completamente a Su trato

   d. Tomar todo lo que nos sucede como entrenamiento

. . .

3. Podemos aceptar que la gente difícil que encontremos puede ser usada para nuestro entrenamiento.

a. Verdadero

b. Falso

4. La palabra "forjar" es una palabra que usa para describir:

a. Enojarnos

b. Cuando Satanás pone distracciones en nuestro camino

c. Cómo los diamantes son formados en la tierra

d. El proceso que hace fuerte el acero para que no se doble o agriete

5. ¿Cuál es una manera que Dios usa para desarrollar Su amor en nosotros?

a. Hacernos escuchar profundas enseñanzas bíblicas

b. Enviar personas difíciles a nuestras vidas

c. Que paguemos el diezmo regularmente

d. Que celebremos nuestro cumpleaños

6. ¿Cuál es la mejor definición de "basura" en nuestras vidas?

a. La vieja naturaleza Adámica

b. Hábitos y rasgos negativos

c. Mentiras y malos pensamientos

d. Todas las anteriores

7. Cuando el Espíritu Santo nos muestra la basura en nosotros, debemos:

a. Abrir una nueva cuenta bancaria

b. Sentir vergüenza y tristeza

c. Llevarla a la luz

d. Negar que tenemos problemas y afirmar que ya somos perfectos

8. ¿Qué hará Dios con los Antiguos Señores que tenían dominio sobre nosotros?

a. Restaurarlos a su lugar correcto

b. Visitarlos y "deshacer todo recuerdo"

c. Hacerles esperar hasta el día del juicio

d. Hacerles leer el libro del Génesis

9. El "Espíritu de Juicio" se refiere a:

a. Enojarse con un hermano por el mal que nos hizo

b. Cómo Dios trata con el diablo y sus obras en nuestras vidas

c. El Gran Trono Blanco en los últimos días

d. Cómo podemos ser libres de las obras de nuestra carne

10. El "Espíritu de Fuego" se refiere a:

a. El lago de fuego reservado para el diablo y sus ángeles

b. El fuego amoroso del Espíritu Santo que Él trae para purificar nuestra carne

c. Cómo Dios trata con el diablo y sus obras en nuestras vidas

d. El proceso de eliminar viejos pactos y engaños que hemos hecho con Satanás

CAPÍTULO 17
LO NATURAL Y LO ESPIRITUAL FLUYEN JUNTOS

No muchas personas esperan que un centro de entrenamiento espiritual pida que su gente haga tantas cosas naturales. Sin embargo, gran parte del entrenamiento que recibimos por el Espíritu Santo ocurrió mientras estábamos ocupados lavando trastes, alimentando al hambriento, podando el huerto, construyendo una cabaña, alimentando animales, etc. Si podemos oír Su voz en las cosas pequeñas, Él nos puede hablar de las cosas espirituales también.

Recordamos muy bien las muchas veces que nos encontrábamos realizando diversas labores y sentíamos una repentina angustia en nuestros espíritus. Uno por uno llegábamos a la sala donde teníamos nuestros cultos y pronto todos estábamos juntos. Al compartir, describíamos que todos habíamos sentido lo mismo. Cuando comenzábamos a orar, Dios se movía. Todos estábamos oyéndolo a Él. Si uno de nosotros ignoraba ese llamado, nos sentíamos tristes porque esa persona no escuchó Su voz y

Le pedimos que le ayudara a aprender a ser más sensible la próxima vez.

Todo lo que haces, hazlo para el Señor

Una vez que hemos determinado tomar todo lo que sucede en nuestras vidas como entrenamiento y abrimos nuestro corazón a escuchar Su voz en las cosas naturales, entonces aprendemos hacer todo PARA EL SEÑOR.

Fieles en lo pequeño - gobernantes sobre lo mucho

"Él le dijo: Está bien, buen siervo; por cuanto en lo poco has sido fiel, tendrás autoridad sobre diez ciudades". Lucas 19:17

"Y su señor le dijo: Bien, buen siervo y fiel; sobre poco has sido fiel, sobre mucho te pondré; entra en el gozo de tu señor". Mateo 25:21

Las cosas pequeñas no le atraen mucho a la carne. No se encuentra mucha gloria en ellas, y la gente no se dará cuenta, pero la fidelidad en las cosas pequeñas trae la clase de carácter que Dios puede usar. Labores simples muchas veces repetidas "para el Señor" traen progreso espiritual, obediencia y humildad.

No menosprecies el día de las cosas pequeñas.

La pequeña impresión que Dios pone en nuestro espíritu puede ser pasada por alto fácilmente. Lo que Él pone en nuestro corazón no es grande y parece no ser de importancia para nosotros. Así fue como Él comenzó con nosotros, con un pequeño empujón para hacer las labores pequeñas, mas Dios estaba en medio de esto y Él sabía a donde nos guiaba. Pronto, aquello pequeño llevó a una increíble puerta abierta para el ministerio.

Si estamos buscando iniciar un ministerio grande, es posible que estemos solos para edificarlo. Pero si Lo dejamos hacernos fieles y obedientes para hacer lo que oigamos de Él con un corazón fiel, a medida que aprendamos a hacerlo "para Él", entonces Él puede edificar algo grande en nosotros y a través de nosotros. Sólo tenemos que ser fieles en lo Él que nos ha dado hoy.

He escogido las cosas débiles de este mundo... es fácil descartarnos como calificados para lo que Dios pide porque sabemos que somos débiles. Después que el Espíritu Santo ha trabajado en nosotros un poco, nos damos cuenta qué tan inadecuados realmente somos. Este es el preciso lugar donde el Señor puede comenzar a usarnos. Ahora podemos aprender que está bien ser débil, porque en nuestra debilidad, Él se hace fuerte. Ahora tenemos que aprender a dejar que Él se agrande a través de nosotros.

Moisés se sentía inadecuado, Gideon se sentía insignificante, Isaías se sentía sucio, mas Dios había elegido a cada uno de ellos para realizar grandes cosas.

Agnes a menudo decía: "Poco es mucho cuando Dios está en ello. Mucho es poco cuando Él no está".

¿Que hay en tu mano?

Comienza con lo que tienes...sólo comienza

Una vez que Agnes recibió la revelación de Isaías 58 en donde vio aviones, trenes, camiones semirremolque, bodegas y todas esas cosas grandes, ella comenzó por usar una pequeña despensa en su casa, llenándola de comida que compraba con un pequeño cheque mensual que recibía por la muerte de su hermano durante la guerra. Cuando encontraba una familia necesitada, ella iba a su despensa y les daba alimentos. Agnes y su hijo David tenían jardines bastante fructíferos. Siempre había huevos y vegetales para regalar a quien necesitara.

Cuando Agnes comenzó a compartir su visión, dijo: "Y habrá camiones semirremolque entrando y saliendo por esta entrada". Nosotros no esperamos que los camiones llegaran para comenzar. Empezamos con una vieja camioneta roja que teníamos. Al principio, viajábamos hasta Los Ángeles y recogíamos unas cuantas cajas de comida. La comida no era muy abundante y cuando terminábamos de separarla no quedaba mucho. "Mas Dios nos entrenó", Agnes decía, "Él nos ha entrenado en lo poco, nos ha entrenado a no malgastar, aprendimos a usar lo poco y hacerlo bendición".

Pronto empezamos a ir a las tiendas locales y los agricultores nos comenzaron a hacer donaciones. Agnes también cuenta una historia cuando un día "uno de los muchachos iba caminando por un camino rural buscando heno para nuestros animales y una mujer y su hijo iban caminando por ese mismo camino. Y el Señor dijo: 'Detente y habla con ellos'. Así que se detuvo y comenzó a platicar con ellos. La madre no hablaba bien inglés, pero el niño sí podía. Su esposo acababa de someterse a cirugía cardiaca y estaba discapacitado y muy, muy mal y no tenían comida. Por tanto, les preparamos unos alimentos. El Señor los liberó del alcoholismo y esta familia llegó a ser uno de los mayores distribuidores de comida, alimentado a 350 familias en este valle. Todo comenzó con una caja de comida".

Un pequeño empujón, una impresión, no una gran revelación.

"A veces es sólo un pequeño empujón – sólo una cosa pequeña – y preferimos dejarla a un lado y decir que no es muy importante. No nos damos cuenta de lo importante que es hasta que le prestamos atención. Entonces comenzamos a verla expandirse y expandirse, y Dios comienza a ampliarla; se convierte en una cosa grande que Él quiere que nosotros hagamos". Rev. Agnes I. Numer

Muchas veces lo pasamos por alto porque no es suficientemente grande para nosotros

¿Cuántas personas pasan por alto lo que Dios quiere hacer porque están "muy allá arriba" profetizando y evangelizando? ¿Cuántas personas pasan por alto el Amor del Padre por sus hermanos más pequeños? Tristemente, hemos visto a muchos "grandes" ministros pasar sobre la gente "pequeña sin importancia" camino al escenario. Jesús se hubiera detenido a sanarlos. Él dijo: "Yo vine por aquellos que están enfermos". ¿Buscas "tener un ministerio" o ministrar?

"sino que lo necio del mundo escogió Dios, para avergonzar a los sabios; y lo débil del mundo escogió Dios, para avergonzar a lo fuerte;". I Corintios 1:27

Dios bendice la simple obediencia

Sólo porque algo parece buena idea, no significa que sea idea de Dios. "La obediencia es mejor que el sacrificio". Cuando aprendamos a ser guiados por el Espíritu de Dios, seremos llamados HIJOS de Dios. Esto no se refiere a niños bebés. Se refiere a personas maduras que pueden unirse con el Padre en los asuntos del Padre. Nos hacemos colegas con nuestro Padre. Nos hacemos Hijos por medio de la simple obediencia. Aprendemos obediencia en lo pequeño y lo grande, a través de lo duro y lo mundano, a través de las grandes responsabilidades y las pequeñas y fieles. Jesús obedeció a Su Padre en toda cosa e hizo solamente lo que vio a Su Padre hacer.

"Y aunque era Hijo, por lo que padeció aprendió la obediencia;". Hebreos 5:8

Ve una necesidad y hazlo

Aprende a escuchar Su voz en lo natural.

Cuando estamos juntando una caja de comida para una familia, esta se individualiza para llenar las necesidades de esas personas. Nosotros no las conocemos, pero Dios sí, y quiere dejarles saber lo mucho que Él las ama. Él nos dirige para poner lo preciso en cada caja. Es muy común oír cosas como "¡Oh!", "¡Ah!" y "Guau ¡cómo me gusta ese cereal!" o "¿cómo sabían que mi papá es diabético?". No sabemos estas cosas, pero Él lo sabe y esa pequeña voz que conocemos y amamos nos mueve de este modo u otro. A menudo, puedes "saber" qué cosa va en cada caja. Puedes sentir Su placer si aprendes a escuchar en las cosas naturales.

Si vez una necesidad, sólo pregúntale el "Cómo"

Pide a Dios que seas más sensible a las necesidades a tu alrededor. Alabaste a Dios, viste la necesidad; ¿pero ahora qué? No tienes la manera de llenar esa necesidad y aun tienes la tentación de desear nunca haberla visto, porque ahora te sientes mal. No, no pienses así. El mismo Dios que te abrió los ojos para ver esa necesidad puede darte la provisión para llenarla. Él puede usar esa necesidad para mostrar CUAN GRANDE ES ÉL.

Muchas veces experimentamos ver la llegada de algunos artículos al ministerio y no tener idea de lo que íbamos a hacer con ellos. Pero nosotros decíamos: "Señor, tú los has provisto, por favor, muéstranos para qué son". Incluso el mismo día a veces llegaba una persona que necesitaba esas mismas cosas.

Otras veces, primero veíamos la necesidad y después la provisión. Uno de nosotros oraba por un peine o un cepillo, o una cierta clase de pasta de dientes, y luego la encontraba escondida en las cajas de donaciones. Si no fuéramos sensibles, tal vez no nos daríamos cuenta que alguien había estado orando por ese artículo y lo podríamos haber usado de otra manera. Mas cuando aprendemos a fluir en Su Espíritu, todo trabaja de la manera más asombrosa y emocionante.

Simplemente podemos saber que si Él mueve nuestros corazones para ver la necesidad, Él será el que querrá llenarla. Si estamos dispuestos, a menudo nos bendecirá para que seamos los únicos en satisfacer esa necesidad. Y entonces tendremos la alegría de verle moverse.

Cuando aprendemos este principio en nuestra vida diaria, en el reino natural, podemos movernos con Él hacia cosas más grandes. Es el mismo principio, **ver una necesidad y moverse con Él para hacerlo.**

Un buen Mayordomo

Aquí estamos ahora. Estamos aprendiendo a conocer a Jehová Jireh. Dios está empezando a derramar bendiciones y el ministerio se está expandiendo, más gente viene a ser voluntaria y nuestras responsabilidades están creciendo. Aquí está otra parte de nuestro entrenamiento. ¿Podemos aprender a ser buenos mayordomos para las bendiciones del Señor y de la gente que Él envía? Si somos capaces de aprender a ser buenos mayordomos donde estamos ahora, Él puede usarnos en asuntos mayores. ¿Le permitiremos que nos entrene también en esta área?

Fidelidad

La clave del liderazgo es el seguimiento fiel. Una persona leal y fiel a lo que Dios ha confiado a su cuidado será bendecida por Dios. Cuando hacemos todo lo que hacemos para el Señor y no para el hombre (agradando al hombre), entonces Él verá nuestra fidelidad y nos recompensará. A Dios le encanta recompensarnos. Está más dispuesto a dar de lo que estamos listos para recibir.

"Ahora bien, se requiere de los administradores, que cada uno sea hallado fiel". I Corintios 4:2

"Y dijo el Señor: ¿Quién es el mayordomo fiel y prudente al cual su señor pondrá sobre su casa, para que a tiempo les dé su ración?". Lucas 12:42

Gracias a Dios que la fidelidad que está en nosotros es Su Hijo. Cristo en Nosotros. Cuando tenemos la tentación de saltarnos pasos y pensamos cosas como: "mi Maestro se ha tardado mucho en promoverme, así que me facilitaré las cosas. Él dijo que cuando viniere sería bendecido y ahora ha pasado demasiado tiempo. Me bendeciré yo mismo, aquí mismo". No caigas en esa tentación. Esta es la prueba de la FIDELIDAD que tienes que pasar antes de que Dios te bendiga. Clama al Señor que te dé más de Su fidelidad, más de la naturaleza de Jesús en ti. Él es llamado "Fiel y Verdadero" Apocalipsis 19:11.

Malgasto

Cuando Dios ha puesto tantas bendiciones en nuestras manos, se necesita la diligencia del Espíritu Santo para asegurar que esas cosas no sean malgastadas. Un día nos dieron 78 paletas de plátanos verdes (156,000 libras). Los plátanos verdes no se pueden comer hasta que maduren. Cada caja tenía que tener un plátano maduro puesto dentro de ella para ayudar a madurar al resto. Luego, cuando los plátanos comenzaron a madurar, todos los revestimientos de plástico tuvieron que ser retirados de cada caja o los plátanos se convertirían en puré. Separamos a mano cada una de esas cajas al menos 3 veces, volteando cada caja, abriéndola y volviendo a apilarla en otra paleta. De todas esas 78 paletas, sólo perdimos la mitad de una paleta que no fue entregada.

"Dijo también a sus discípulos: Había un hombre rico que tenía un mayordomo, y éste fue acusado ante Él como disipador de sus bienes" Lucas 16:1 (lee lo que le sucedió a ese mayordomo).

Si no somos fieles, lo que tenemos nos será quitado.

Sobre los bienes de otro Hombre

Un mayordomo es alguien que está a cargo **de los bienes de otro hombre.** Se le requiere que maneje sus cosas y su gente tal como el dueño lo haría. Si lo hace, oirá algo como: "bien hecho, mi buen y fiel siervo". Y si no, oirá: "apártate de mí".

No somos de nosotros mismos y lo que tenemos nos ha sido dado. Dios quiere darnos mucho, pero tenemos que aprender los principios para ser un buen mayordomo.

"Y si en lo ajeno no fuisteis fieles, ¿quién os dará lo que es vuestro?" Lucas 16:12.

Por lo regular, comenzamos "nuestro ministerio" bajo la autoridad del "ministerio de otro hombre". Dios no nos confiará nuestro propio ministerio si no somos fieles donde estamos. Si podemos ser excelentes mayordomos, Dios traerá el aumento.

"Ninguno busque su propio bien, sino el del otro". I Corintios 10:24

Dios nos pondrá bajo tutores para nuestro entrenamiento. Podemos tomar la experiencia de un tutor deficiente y permitirle que nos entrene. Porque debes recordar que estamos siendo ENTRENADOS POR EL ESPÍRITU DEL SEÑOR y el hombre. Incluso podemos tomar esto como entrenamiento si mantenemos una actitud correcta.

¿Podemos permitir que Él nos de la Gracia para cada día y cada persona que conocemos?

¿Lo Consumiremos en Nosotros Mismos?

Cuando los hombres comiencen a alabarnos, ¿lo absorberemos? ¿Cuándo digan qué tan grandes somos, les diremos la verdad, que solamente somos gente quebrantada y enmendada por gracia? ¿Seremos honestos sobre que en nosotros "no mora el bien?". Romanos 7:18

"Cada uno según el don que ha recibido, minístrelo a los otros, como buenos administradores de la multiforme gracia de Dios". I Pedro 4:10

"Tenemos que recordar que la gloria le pertenece a Dios y no a otro". Hechos 12:23

El Espíritu Santo nos entrenará a ser cuidadosos para darle Alabanza a Él.

Recuerda esta pequeña prueba. "Si te quejas cuando las

cosas salen mal, regodearás cuando prosperen". Solo **sé** un fiel mayordomo para el Señor.

Ten un Oído para Oír, un Corazón para Recibir y la Voluntad para Obedecer

Dios puede tomar todos y cada uno de los eventos naturales y usarlos para nuestro entrenamiento. Estamos siendo entrenados para oír Su voz y fluir por Su Espíritu. Estamos aprendiendo que Dios utiliza las cosas ordinarias para sacar a la vista las extraordinarias cualidades de Su naturaleza en nuestras vidas.

¿Podemos aprender a permanecer en Su presencia en medio de la adversidad? ¿Podemos amar a aquellos que no son agradables? ¿Podemos estar firmes en Su verdad cuando otros son engañados? ¿Sabemos cómo clamar a Jehovah Jireh cuando hay una necesidad? ¿Podemos continuar siendo fieles cuando parece que Él "se tarda"? ¿Podemos darle a Él la gloria cuando nos hace prosperar? ¿Lucharemos por la pureza en medio de un mundo perverso?

Permitamos que Él remueva la basura de nuestras vidas para poder ser ENTRENADOS A FLUIR POR SU ESPÍRITU.

REVISIÓN: LO NATURAL Y LO ESPIRITUAL FLUYEN JUNTOS

1. Podemos aprender a oír la voz de Dios:

   a. Ignorando todo a nuestro alrededor y cantando himnos

   b. Orando todo el día

   c. Permitiendo que Dios nos entrene en las cosas naturales

   d. Siempre tratando de ser perfectos

2. Si vas a comenzar un ministerio grande tienes que aprender:

   a. La estructura organizativa de la iglesia

   b. A ser fiel y obediente en las cosas pequeñas que Él te da

   c. A cómo hablar bien en la radio para ser escuchado por muchos

   d. A convertirte en el orador más poderoso que puedas ser

. . .

3. Cuando Dios te da una visión grande para ministrar:

a. Comparte con todos cómo Dios te va a usar

b. Reúne a muchas personas influyentes a tu alrededor

c. Crea un presupuesto y espera hasta que tengas las finanzas

d. Empieza con lo que tienes en tu mano. Que Dios traiga el aumento

4. Podemos perdernos el pequeño empujón del Espíritu Santo porque estamos esperando una gran revelación.

a. Verdadero

b. Falso

5. Cuando tienes un ministerio grande no tienes que asociarte con gente pequeña.

a. Verdadero

b. Falso

6. Una llave importante para desarrollar un buen liderazgo es:

a. Saber cómo dar instrucciones claras

b. La capacidad de hacer saber a la gente quién es el jefe

c. Ser un seguidor fiel primero

d. Tener una gran personalidad

7. Podemos ser fieles porque "El Fiel" vive en nosotros.

a. Verdadero

b. Falso

8. Si no somos fieles, incluso lo que tenemos se nos será quitado.

a. Verdadero

b. Falso

9. La mayoría de los ministerios inspirados por Dios comienzan:

a. Con una gran revelación

b. Bajo el ministerio de otra persona

c. En la Escuela Bíblica

d. De repente, de improviso

10. Muchas veces, Dios usa gente quebrantada y enmendada por gracia.

a. Verdadero

b. Falso

. . .

11. "Si te quejas cuando las cosas salen mal, regodearas cuando prosperen".

a. Verdadero

b. Falso

12. Dios puede tomar todos y cada uno de los eventos naturales y usarlos para nuestro entrenamiento.

a. Verdadero

b. Falso

13. En nosotros "no mora el bien".

a. Verdadero

b. Falso

14. Dios puede tomar la experiencia de que sirvamos bajo un tutor deficiente para entrenarnos.

a. Verdadero

b. Falso

15. Un buen mayordomo se preocupa más por las cosas grandes.

a. Verdadero

b. Falso

CAPÍTULO 18
EL FLUJO DEL ESPÍRITU DE DIOS

Ser Naturalmente Espiritual y Espiritualmente Natural

CUANDO LA VIDA ESPIRITUAL de Dios fue separada de Adán, quedó un hueco vacío en él.

¡Cómo anhelaba esas noches en el jardín, caminando y hablando con Dios! Cuando se levantasen problemas familiares serios como asesinatos y cualquier otro tipo de pecado, ¿dónde podría ir Adán? Estaba separado. El número de muertos comenzó crecer. Gradualmente, la humanidad se hundió en todo tipo de pecado horrible e injusticia entre los humanos.

Jesús vino para llevar de nuevo al hombre a una relación con el Padre. Él mandó Su Espíritu para que morara en nosotros. Otra vez, tenemos la oportunidad de caminar con el Padre y hablar con Él a través de Su Espíritu en nosotros. El camino ha sido restaurado. ¡Alabado sea el Señor!

Jesús oró para que nosotros permaneciéramos en Él y Él en nosotros, para que pudiéramos ser uno. El mismo corazón, el mismo plan, el mismo espíritu.

Debería ser natural para nosotros ser espirituales. Para eso fuimos creados. Eso es lo que la serpiente robó y lo que Jesús restauró.

Adán hizo más en un día que caminar y hablar con Dios; se le dijo que sometiera la tierra y gobernara sobre ella. Iba a ser Espiritualmente Natural. Esto significa que Adán llevó el Espíritu a todo lo que hizo. Habló con Dios acerca de todas y cada una de las cosas que había que hacer y analizaron la mejor manera de hacerlo.

No separes (compartimentes) lo Espiritual y lo Natural

Esta es un área en nuestra vida que tenemos que mirar con atención. ¿Hemos separado las cosas naturales de lo espiritual? ¿O naturalmente vives tu vida estando donde Él quiere que estés cuando Él te quiere allí para hacer lo que Él te manda? ¿Es natural para ti sentir Su compasión por alguien y comenzar a ministrarle en cualquier parte y momento? ¿Naturalmente Le preguntas acerca de las cosas cotidianas o te inclinas por tu propio entendimiento?

Todo fluye en conjunto, no hay separación

Algunos de nosotros llevamos nuestras vidas como un gráfico circular, 25% para esto, 32% para aquello, etc. Si Le permitimos tener un lugar completo en nosotros, Él traerá el equilibrio que buscamos.

Permite que Él esté en todo lo que haces hasta que Él sea Señor de TODO. Deja que Él guíe y tú síguele. No es difícil. Bueno, tal vez al principio, pero, después de todo, así fuimos hechos. Aprende a entrar en el FLUJO DE SU ESPÍRITU.

El Flujo de Su Espíritu

Depender de Su Fortaleza

Cargar un contenedor para Nigeria, ministrar liberación hasta las 2 de la mañana, levantarse temprano para preparar el desayuno para 70 personas, limpiar los refrigeradores para que estén listos para las donaciones que llegan a las 10 de la mañana, dejar unas pocas habitaciones limpias y frescas sin olvidar dejar algunos aperitivos y agua, salir para ministrar en la reserva... volver a las 2 de la mañana, etc., etc., etc. así es como vivimos, totalmente dependientes de Su fortaleza, orientación y unción. No, nunca nos sentimos agotados, simplemente brillábamos más porque estábamos en el flujo de Su Espíritu donde hay un perfecto descanso en hacer Su Voluntad.

"Él les dijo: Yo tengo una comida que comer, que vosotros no sabéis".

"Jesús les dijo: Mi comida es que haga la voluntad del que me envió, y que acabe su obra". Juan 4:34

"Trabajad, no por la comida que perece, sino por la comida que a vida eterna permanece, la cual el Hijo del Hombre os dará; porque a éste señaló Dios el Padre". Juan 6:27

Apóyate en Su Sabiduría

Fue todo un proceso que Dios tuvo que hacer en toda nuestra vida para llevarnos de depender de nuestro propio entendimiento a apoyarnos en Su Sabiduría. Se necesita confianza y entrenamiento, pero si sabes que Él lo provee, que Su sabiduría está disponible, puedes pedirle y buscar Su sabiduría. Podemos cooperar con el Espíritu Santo mientras nos lleva al flujo del Espíritu de Sabiduría de Dios.

Las situaciones en las vidas de las personas que nos rodean son tan complicadas para entender, y mucho más de resolver, mas Dios puede dar respuestas que te asombrarán. Aprendamos a recibir Su Sabiduría en cada situación. Él sabe todas las cosas y quiere decirnos cosas que no conocemos. Puede darnos maneras de manejar cosas difíciles para hacerlas más fáciles. Él se preocupa por las cosas naturales.

"Misterio que en otras generaciones no se dio a conocer a los hijos de los hombres, como ahora es revelado a sus santos apóstoles y profetas por el Espíritu". Mansedumbre, audacia, dependencia y gracia de Su Naturaleza y Su Carácter que se ha formado en nosotros". Efesios 3:5

No debemos tratar de hacer Su obra en nuestras viejas maneras carnales. Queremos aprender Su Corazón y Su Naturaleza. Dios dijo a los sacerdotes del Antiguo Testamento que nunca debían de poner aceite de unción en la carne o tratar de imitar o duplicar esa unción, porque era Santa.

"Sobre carne de hombre no será derramado, ni haréis otro semejante, conforme a su composición; santo es, y por santo lo tendréis vosotros". Éxodo 30:32

Movernos cuando Él se mueve, descansar cuando Él descansa

No todo era trabajo; nos gustaba la comunión con el Señor y con el resto, amábamos tomar un día para visitar a una familia necesitada o sentarnos a platicar. Nunca imaginamos esto en un gráfico circular o lo estudiamos en un libro; todo era orquestado por Su Espíritu.

El pueblo de Dios en el desierto, habiendo salido de Egipto, sabia muy poco sobre la vida en esta área después de haber vivido en Goshen durante tantas generaciones. Pero Dios la conocía y mandó una nube para cubrirlos de día y una columna de fuego por la noche. Esta era protección contra el sol de día y para poner el temor de Dios en sus enemigos de noche. Incluso a las serpientes no les gusta el fuego. Su gloria era un escudo para ellos. "El sol no te fatigará de día, Ni la luna de noche". Salmos 121:6 ¡Cómo necesitamos más de Su Gloria!

"Y Jehová iba delante de ellos de día en una columna de nube para guiarlos por el camino, y de noche en una columna de fuego para alumbrarles, a fin de que anduviesen de día y de noche". Éxodo 13:21

(Éxodo 40:38; Núm. 14:14; Deut. 1:33; Neh 9:12; Neh 9:19; Sal 78:14; Sal 105:39; 1 Cor 10:1)

La Rueda de Ezequiel

La descripción de Ezequiel de lo que él vio ha recibido muchas explicaciones y ha sido ignorada por algunos. Los cuatro seres vivientes son los cuatro "rostros" de Jesús como son representados en los cuatro evangelios. El Hijo del Hombre, El León Real de la Tribu de Jehovah, El Siervo del Altísimo (el buey), y el Águila, que es el Hijo de Dios. También se encuentran en Apocalipsis 4:7 alrededor del trono de Dios.

"Y miré, y he aquí venía del norte un viento tempestuoso, y una gran nube, con un fuego envolvente, y alrededor de él un resplandor, y en medio del fuego algo que parecía como bronce refulgente, **5** y en medio de ella la figura de cuatro seres vivientes. Y esta era su apariencia: había en ellos semejanza de hombre. **6** Cada uno tenía cuatro caras y cuatro alas. (Ez 10:14) **7** Y los pies de ellos eran derechos, y la planta de sus pies como planta de pie de becerro; y centelleaban a manera de bronce muy bruñido. **8** Debajo de sus alas, a sus cuatro lados, tenían manos de hombre; y sus caras y sus alas por los cuatro lados. (Ez 10:8) **9** Con las alas se juntaban el uno al otro. No se volvían cuando andaban, sino que cada uno caminaba derecho hacia adelante. **10** Y el aspecto de sus caras era cara de hombre, y cara de león al lado derecho de los cuatro, y cara de buey a la izquierda en los cuatro; asimismo había en los cuatro cara de águila. **11** Así eran sus caras. Y tenían sus alas extendidas por encima, cada uno dos, las cuales se juntaban; y las otras dos cubrían sus cuerpos". Eze 1:4-11; Eze 10:8, 14; Apo. 4:7

Si nos enfocamos más que sólo en las propias criaturas, veremos cómo fueron movidas por el Espíritu. Dondequiera que Él se movía, ellas se movían. Y cuando se movían, era como un relámpago avanzando sin detenerse. No volteaban por allí o por allá. También vemos a Dios Padre lleno de gloria sobre Su trono, enviando y dirigiéndolas. Todo lo que el Padre hizo, el Espíritu también. Todo lo que el Espíritu hizo, Jesús a través de Su pueblo también lo hizo. Esto es el significado de las ruedas. Nosotros somos el vehículo mediante el cual Él está trabajando en el mundo hoy en día. Necesitamos estar conectados uno con el otro "como los rayos de acero en una rueda". Dios, por el Espíritu del Señor, va a trabajar a través de un grupo de gente unificada, conectada y "unida de corazón". Esta es una asombrosa imagen de cómo Dios quiere moverse por Su Espíritu a través de Su pueblo en los últimos días. Busquemos Su conocimiento para entrar en la "Rueda de Ezequiel".

"Y cada uno caminaba derecho hacia adelante; hacia donde el espíritu les movía que anduviesen, andaban; y cuando andaban, no se volvían. **13** Cuanto a la semejanza de los

El Flujo del Espíritu de Dios   57

seres vivientes, su aspecto era como de carbones de fuego encendidos, como visión de hachones encendidos que andaba entre los seres vivientes; y el fuego resplandecía, y del fuego salían relámpagos. 14 Y los seres vivientes corrían y volvían a semejanza de relámpagos...19 Y cuando los seres vivientes andaban, las ruedas andaban junto a ellos; y cuando los seres vivientes se levantaban de la tierra, las ruedas se levantaban". Ezequiel 1:12

"Hacia donde el espíritu les movía que anduviesen, andaban; hacia donde les movía el espíritu que anduviesen, las ruedas también se levantaban tras ellos; porque el espíritu de los seres vivientes estaba en las ruedas. 21 Cuando ellos andaban, andaban ellas, y cuando ellos se paraban, se paraban ellas; asimismo cuando se levantaban de la tierra, las ruedas se levantaban tras ellos; porque el espíritu de los seres vivientes estaba en las ruedas". Ezequiel 1:16, 20

Continúa leyendo Ezequiel 1, 2 y 3

En los días de fiesta, Jesús se puso de pie y declaró que de nuestro interior correrían ríos de agua viva; Él estaba hablando del Espíritu Santo (Juan 7:38). Un rio es refrescante, da vida, calma la sed y es relajante. Todos podemos tener este río si aprendemos a entrar al flujo del Espíritu de Dios. Este río es mencionado muchas veces en la Palabra de Dios, pero una poderosa imagen se encuentra en Ezequiel 37.

"En medio de la calle de la ciudad, y a uno y otro lado del río, estaba el árbol de la vida, que produce doce frutos, dando cada mes su fruto; y las hojas del árbol eran para la sanidad de las naciones". Apocalipsis 22:2 "Y me dijo: Estas aguas salen a la región del oriente, y descenderán al Arabá, y entrarán en el mar; y entradas en el mar, recibirán sanidad las aguas". Ezequiel 47:8

El Rio es para que los mares sean sanados

Este Río que corre desde nosotros no está ahí sólo para hacernos sentir bien, aunque no hay nada que comparar con Su vida que fluye desde nosotros; su primer propósito es fluir hacia los mares (de la humanidad) y traer sanidad. Fluye del trono de Dios al desierto sediento. Nuestro llamado y nuestro propósito es derramar Su vida en el mar de personas que están tan sedientas de Jesús. Cuando realmente lo vean reflejado en nosotros, vendrán a Él. Él dijo, "Y yo, si fuere levantado de la tierra, a todos atraeré a mí mismo". Pero, ¿le permitiremos sacar la basura de nuestras vidas y entrenarnos para entrar en ese gran FLUJO DE SU ESPÍRITU hacia el desierto?

REVISIÓN: EL FLUJO DEL ESPÍRITU DE DIOS

1. Dios se preocupa más por lo espiritual que lo natural.
   a. Verdadero
   b. Falso

2. Ser espirituales debiese ser natural para nosotros.
   a. Verdadero
   b. Falso

3. Es correcto para nosotros separar lo espiritual y lo natural en nuestras vidas.
   a. Verdadero
   b. Falso

4. Podemos llevar el Espíritu a todo lo que hacemos.

a. Verdadero

b. Falso

5. Fuimos creados para dejar que Él nos guíe y nosotros seguirle.

a. Verdadero

b. Falso

6. Es natural para el pueblo de Dios oír Su voz.

a. Verdadero

b. Falso

7. Tenemos que tener cuidado de no agotarnos mientras fluimos en Su Espíritu.

a. Verdadero

b. Falso

8. Para poder fluir hermosamente en Su Espíritu, debemos aprender a:

a. Remar contra la corriente

b. Cómo ser más motivados

c. No apoyarnos en nuestra propia sabiduría

d. Depender de otros

9. Cuando conocemos Su voluntad, debemos esperar a que Él nos mueva.

a. Verdadero

b. Falso

10. Una vez que conocemos qué es la voluntad de Dios, debemos ser más determinados.

a. Verdadero

b. Falso

11. La Rueda de Ezequiel es una asombrosa imagen de cómo Dios quiere moverse por Su Espíritu a través de Su pueblo en los últimos días.

a. Verdadero

b. Falso

12. Cuando Jesús declaró que de nuestros vientres fluirían ríos de agua viva, se refería al Espíritu Santo.

a. Verdadero

b. Falso

13. Este Río que fluye de nosotros es para hacernos sentir bien.

a. Verdadero

b. Falso

14. Nuestro llamado y nuestro propósito es derramar Su vida en el mar de personas que tienen mucha sed de Jesús.

a. Verdadero

b. Falso

15. Cuando las personas realmente vea a Jesús reflejado en nosotros, vendrán a Él.

a. Verdadero

b. Falso

CAPÍTULO 19

MINISTRANDO POR EL ESPÍRITU DEL SEÑOR

Cómo comenzó el Entrenamiento

CUANDO DIOS LE HABLÓ a Agnes en 1954 mientras lavaba platos un domingo, Él le dijo, "Ve a tu sala y lee Isaías 58". Agnes relata el incidente de esta forma: "...Así que mientras secaba mis manos y salía de mi cocina a mi sala, el Espíritu del Señor vino como una poderosa cubierta, grande como el aire libre. De repente, comencé a sentir que algo empezaba a sucederme". Cuando comenzó a leer, el Señor le mostró camiones semirremolques y aviones, bodegas y comida. Había centros aquí y allá alrededor del mundo donde la gente podía ir y recibir espiritual y naturalmente. Más tarde los llamamos "centros de entrenamiento". También pueden llamarse "Goshens" o "Ciudades de Refugio".

Un día, en 1967, Dios le habló a Agnes otra vez y dijo: "La visión ya no tarda, está aquí. Es hora de comenzar el entrenamiento". Así que ella comenzó hacer planes para instalar tráileres, para arreglar salones de clases, y Él le dijo: "Te dije que Yo lo iba hacer". Así que Agnes dijo: "Entonces

Te dejaré hacerlo". El entrenamiento comenzó allí mismo en su sala en Littlerock, California. Y Dios mandó gente, unas pocas personas al principio, mas después gente de todas partes del mundo. Y Dios les ministraba y ellos recibían la visión y luego corrían con ella.

Agnes nunca clamó ser predicadora, maestra o apóstol. Ella clamó que Dios la llamó a predicar y enseñar por el Espíritu del Señor. Ella sólo ministraba cuando el Espíritu de Dios comenzaba a moverla. Ella permaneció en ese flujo de Su Espíritu por más de 50 años.

Enseñar y Predicar por el Espíritu del Señor

Impartición por el Espíritu, no educación de la mente

Aunque muchos ministros están familiarizados con el estudio del griego y hebreo y cómo dividir cada frase y establecer referencias cruzadas, lo que muchas veces esto produce es "conocimiento intelectual". Esa clase de entendimiento sólo puede pasar de tu cabeza a la cabeza de otra persona. No imparte la Palabra de Dios que está en ti para que puedas cambiar a medida que la palabra es dada.

La clase de ministerio del Espíritu Santo que recibimos fue por impartición, en donde Dios tomó parte de Su conocimiento revelador y lo colocó en nuestros espíritus. Entonces, sería parte de nosotros para que después pudiéramos correr con él. No sólo nos dijo dónde fallábamos y como deberíamos de ser, Él dio a nuestros espíritus lo que deberíamos ser y Su Palabra nos cambió. Él impartió Su Corazón dentro de nosotros. Él puso una visión dentro de nosotros y pudimos "ver" lo que Él decía.

Hubo momentos en que Agnes enseñaba por el Espíritu del Señor y nos decía: "esto es tan nuevo para mí como para ustedes". Mientras el Espíritu Santo le daba sabiduría, conocimiento y revelación, ella lo recibía y lo ministraba a nosotros. Esos fueron momentos en los cuales pudimos sentir Su poderosa presencia de una manera especial.

Transformación

Cuando la Palabra venia con poder para redargüirnos, la gracia de Dios venia con ella para cambiarnos al mismo tiempo. Tan pronto como admitíamos nuestro error en nuestros corazones, Él ya nos estaba cambiando. La Palabra de Verdad confrontó las mentiras que habíamos creído. Una vez que aceptamos y nos pusimos de parte de la Verdad, fuimos hechos libres. A menudo, este divino intercambio nos transformó. A medida que la Palabra "reflejaba" nuestra culpa y confesábamos y estábamos de acuerdo con la verdad, estaba la gracia y el poder de convertirnos en lo que esa Palabra proclamaba. ¡Qué poderoso intercambio divino sucedía noche tras noche! Esperábamos con interés la siguiente reunión para ver lo que Dios iba a hacer a continuación. ¡Qué anticipación! ¡Qué gloria! ¡Qué unción! ¡Qué preciosidad!

Visión

Dios ama revelar Su corazón y Sus planes a un pueblo que oirá Su voz y "acuerde" con Él. El Señor mandó personas a la casa de Agnes que ya tenían una visión y ellas la compartían; también mandó gente sin una visión o con una visión nublada para que pudieran recibir una. Dios siempre está haciendo y hablando. Él siempre tiene un plan y una visión. Él nunca está confundido, sin esperanza o sin ideas. Simplemente está lleno de ideas, planes y estrategias creativas capaces de hacer cambiar a una nación y le encanta "descargarlas" en nosotros.

Tuvimos muchas conferencias espontáneas en las que Dios envió a muchas personas al mismo tiempo desde diferentes lugares sin coordinación humana. Orquestaba conexiones divinas entre ellas y ayudaba a que las personas pudieran conectarse en la obra de Su Reino. Rara vez programábamos citas para las personas, porque Él las guiaba allí en el momento justo para Su propósito. De hecho, día tras día, sin parar durante años, era común que un grupo se estuviera yendo y entrara el siguiente grupo de manera inesperada. De todas partes del mundo Dios los hacía venir. Y les permitió ver lo que Él estaba haciendo allí, en lo espiritual y lo natural, y se regresaban a casa con un nuevo entendimiento de Dios, Sus planes y Sus caminos. Habían visto un poco del Reino de Dios venir a la tierra.

Adoración/Intercesión/Guerra

Esa propiedad de 10 acres en Littlerock, California, era un lugar pequeño y pintoresco en el desierto de Mojave. No había nada inusual en lo que se veía al conducir entre los cipreses hasta la casa principal. Tal vez había más gente alrededor que en la mayoría de las casas; habíamos añadido casas móviles y camiones de semirremolque y tráileres y un par de almacenes y un pequeño edificio escolar de doble ancho. La casa de Agnes era una vivienda dúplex de estilo misión de color rojo y blanco que había sido unida hace años. Un arco cubierto de rosas sobre una pintoresca banqueta conducía a la casa entre ramas de árboles que colgaban. Pero había algo diferente: una cierta ligereza en la atmósfera que no se podía confundir. Se sentía como Jesús. Se sentía como un lugar Santo. Al entrar a la casa, a la sala, eras recibido con amor y servido con gracia. Todo el que venía era alimentado y bendecido en todos los sentidos. Cada uno era tratado como un "invitado especial". Se podía escuchar a alguien tararear en adoración mientras servía o encontrar a alguien orando por otro en una esquina. Los niños estaban en todas partes. Uno podía sentir la Presencia de Dios habitando allí.

Pero cuando el servicio comenzaba, no tenía comparación. Esa gente tranquila comenzaba a cantar, danzar, alabar y regocijarse. A veces comenzaban a orar con potente determinación por una necesidad de alguien en otro lugar o en la misma sala. Hombres, mujeres y niños en una pequeña sala con un propósito, hambrientos de encontrarse con Dios, felices y libres o corriendo como tropas y saltando sobre muros como valientes hombres de guerra. La increíble presencia de Dios era abrumadora a la carne y las fuerzas demoniacas. Miles de personas fueron liberadas mientras experimentábamos más de 40 años del derramamiento del Espíritu de Dios cada día de la semana.

Adoración Simultanea, Liberación y Profecía

Cuando Dios comenzaba a moverse mientras entrábamos en la alabanza y la adoración, Su presencia comenzaba a ungirnos para orar poderosamente por las necesidades que teníamos. A menudo, algunos recibían la liberación de años de esclavitud. Otros apoyaban a esas personas. La guía y unción a menudo tocaba a una persona y luego a otra. No había ningún programa, pero si había un orden divino. Cuando una palabra profética era dada, cantábamos más silenciosamente y nos asegurábamos que la persona escuchó la Palabra del Señor. Este fluir del Espíritu de Dios podía continuar por horas.

Todos estábamos en entrenamiento por Su Espíritu y a veces cometíamos errores. Aquellos que tenían más entrenamiento eran utilizados para ayudar a los que estaban aprendiendo. Todos éramos aprendices, Él era el entrenador, y teníamos mucho gozo cuando "escuchábamos bien" y Dios nos usaba.

Dios usó a los niños

"Entonces le fueron presentados unos niños, para que pusiese las manos sobre ellos, y orase; y los discípulos les reprendieron. (Marcos 10:13; Lucas 18:15) **14** Pero Jesús dijo: Dejad a los niños venir a mí, y no se lo impidáis; porque de los tales es el reino de los cielos. **15** Y habiendo puesto sobre ellos las manos, se fue de allí". Mateo 19:13-15 (Mat 18:3; 1 Cor 14:20; 1 Ped 2:2)

Hermosamente, el Espíritu del Señor escogía a alguno de los niños presentes. A veces, ellos se abrían camino para llevar a cabo la liberación de una persona cuando los adultos no habían podido. Un día, una niña de dos años comenzó a llorar desde su cuna y quería que su madre la recogiera. Luego caminó a donde orábamos en dirección a un hombre particularmente terco. Cuando su madre finalmente discernió que la niña quería orar, la levantó hasta donde pudo alcanzar la cabeza del hombre. Mientras ponía sus dos manitas en la cabeza, gritó: "Escucha, escucha, escucha". El hombre cayó de espaldas y Dios pudo expulsar a ese espíritu obstinado que lo tenía atado.

Cuando algunas necesidades de oración serias eran solicitadas por teléfono, eran los niños los que parecían tener un lugar especial en el corazón del Padre Dios y Él respondía cuando oraban. Innumerables milagros ocurrieron y muchas personas llamaron pidiendo oración. Los niños son más naturales en el fluir del Espíritu del Señor que muchos adultos. Él les enseñará si les permitimos aprender.

Reuniones diarias, extendidas e ilimitadas con Dios.

El almuerzo podía esperar y dormir era opcional cuando Dios se estaba moviendo. Agnes era precisa sobre comenzar en el horario establecido, pero sólo Dios decidía el horario de término. Si los niños tenían sueño, se acostaban en algún lugar y se les llevaba a sus camas más tarde. Nuestro mayor deseo era conocer a Dios y movernos con Él.

Esto es lo fundamental – otras prioridades ceden a esto.

Incluso cuando un contenedor tenía que ser llenado o un camión ser descargado, si Dios se estaba moviendo en esa sala, todos nos quedábamos ahí hasta que Él se levantara. Entonces realizábamos el trabajo que teníamos a mano con vigor. Para nuestra sorpresa, todos nuestros trabajos se completaron con Su ayuda.

Alcance, Evangelismo, Iglesia para Niños, Funerales, Misiones en el Extranjero, Centros para Adultos Mayores, Reuniones en Casa, etc.

Cuando Dios trajo por primera vez a Agnes a esa pequeña casa de estilo colonial con techo y paredes de secuoya, Él habló con ella y dijo: "No saldrás ni entrarás a menos que Yo te envíe. Traeré gente a tu puerta de toda nación y pueblo". Él le dijo que ella impartiría la visión a ellos, "para que corra el que leyere en ella" (Hab 2:2). Y así lo hizo. Trajo miles de personas a través de esa puerta principal para sentarse junto a Agnes o hacer un recorrido con su personal para que "corra el que leyere en ella". Sabemos que lo que Dios nos dio es una pequeña demostración de Su Reino en la Tierra, pero sabemos que no es para nosotros, es para todo el mundo. Es un modelo para el cuerpo de Cristo y para el fin de los tiempos.

A la edad de 60 años, Dios comenzó a llevar a Agnes a las naciones. Tenemos algunas historias asombrosas de cómo Dios la usó que el tiempo y el espacio no permiten compartir. Viajó a muchas naciones 5 o 6 veces y a veces fuimos bendecidos de ser incluidos en sus equipos. Dios dio lugar a ministerios y levantó líderes en todas partes donde la llevaba. El mismo brote del río de Dios fue experimentado en muchos lugares. Hay ministerios que siguen prosperando en muchos de esos lugares hasta el día de hoy. Agnes ha dado la palabra del Señor a Generales en Israel, líderes en África, padres de la iglesia en Asia e incluso el Papa, pero siempre consideró y amó a personas comunes en su necesidad y a menudo fueron estas a quien Dios levantó para ser líderes poderosos.

Una familia humilde a la que Agnes profetizó en la India en una casa pequeña en un gueto ahora tiene un ministerio dirigido por el hijo, con orfanatos e iglesias y una nueva casa en una buena zona, tal como ella lo habló. Cuando los visitamos recientemente, vimos que a esas iglesias les va bien y el orfanato es hermoso, pero, sobre todo, el mismo hermoso Amor de Dios y el flujo de su Espíritu ESTÁ AHÍ. Esta fue la manera en que Dios la usó y ahora a través de tantos de nosotros que recibimos la impartición, esta es la manera en que Dios continúa ministrándonos.

REVISIÓN: MINISTRANDO POR EL ESPÍRITU DEL SEÑOR

1. La Impartición en tu espíritu te cambia a medida recibes la Palabra.
   a. Verdadero
   b. Falso

2. El conocimiento intelectual sólo sale de tu cabeza y es impartido al espíritu de otra persona.
   a. Verdadero
   b. Falso

3. Cuando el Espíritu de Dios es ministrado mediante impartición, recibes Su corazón y Su visión.
   a. Verdadero
   b. Falso

. . .

4. El Cristiano puede ser transformado cuando acepta y se pone del lado de la verdad que es ministrada.

a. Verdadero

b. Falso

5. A Dios le encanta "descargar" ideas, planes y estrategias en Su pueblo para hacer cambiar a las naciones.

a. Verdadero

b. Falso

6. La obra del Reino de Dios tiene que ser cuidadosamente programada para evitar confusión.

a. Verdadero

b. Falso

7. La impresionante presencia de Dios es abrumadora a la carne y fuerzas demoníacas.

a. Verdadero

b. Falso

8. Debemos tener cuidado de separar siempre la liberación, la alabanza y la profecía para evitar confusiones.

a. Verdadero

b. Falso

9. Es posible tener un orden sin un programa, un líder especifico o una agenda.

a. Verdadero

b. Falso

10. Los niños son más naturales en el fluir del Espíritu del Señor que muchos adultos.

a. Verdadero

b. Falso

CAPÍTULO 20
CRISTO EN TI, LA ESPERANZA DE GLORIA

La Revelación de Jesús en Nosotros

A LO LARGO DE LA HISTORIA, JESÚS se ha revelado a Su pueblo, y cuando lo ha hecho, las vidas de las personas han cambiado. Una vez que te encuentras con Él, te cambia. No hay palabras para describir adecuadamente nuestras experiencias con Él. A menudo, no se revela a sí mismo todo a la vez en una gran experiencia. Esos vislumbres de Él que llevamos en nuestros corazones, si se unen, comienzan a formar una "revelación completa" de Jesucristo. Lo vemos de nuevo en la Palabra, o alguien está ministrando y tenemos otra visión. En nuestros tiempos de tranquilidad, o pasando el día, Él se presenta y lo "vemos" más claramente. Cuanto más lo vemos, más nos parecemos a Él.

"Amados, ahora somos hijos de Dios, y aún no se ha manifestado lo que hemos de ser; pero sabemos que cuando él se manifieste, seremos semejantes a él, porque le veremos tal como él es". 1 Juan 3:2

Leamos Isaías 6

Dios vino e Isaías vio al Señor, Él estaba sentado en el trono.

El escuchó: "Santo, santo, santo, Jehová de los ejércitos; toda la tierra está llena de su gloria".

"El año en que murió el rey Uzías, vi al Señor sentado en un majestuoso trono, y el borde de su manto llenaba el templo. (2 Rey 15:7) **2** Lo asistían poderosos serafines, cada uno tenía seis alas. Con dos alas se cubrían el rostro, con dos se cubrían los pies y con dos volaban. (Apo 4:8) **3** Se decían unos a otros: '¡Santo, santo, santo es el Señor de los Ejércitos Celestiales! ¡Toda la tierra está llena de su gloria!'. **4** Sus voces sacudían el templo hasta los cimientos, y todo el edificio estaba lleno de humo. **5** Entonces dije: '¡Todo se ha acabado para mí! Estoy condenado, porque soy un pecador. Tengo labios impuros, y vivo en medio de un pueblo de labios impuros; sin embargo, he visto al Rey, el Señor de los Ejércitos Celestiales'. **6** Entonces uno de los serafines voló hacia mí con un carbón encendido que había tomado del altar con unas tenazas. **7** Con él tocó mis labios y dijo: '¿Ves? Este carbón te ha tocado los labios. Ahora tu culpa ha sido quitada, y tus pecados perdonados'. (Jer 1:9, Dan 10:16) **8** Después oí que el Señor preguntaba: '¿A quién enviaré como mensajero a este pueblo? ¿Quién irá por nosotros?'. "Aquí estoy yo —le dije—. Envíame a mí.'" Isaías 6:1-8 (NTV)

Entonces, Isaías supo que estaba impuro y clamó que estaba condenado y no había esperanza para él porque "yo y el pueblo estamos llenos de pecado". Podemos caminar a través de nuestras vidas como personas muy buenas en nuestros propios ojos hasta que nos encontramos con el Señor de las Huestes, el que manda a todas las huestes del cielo y las organiza sobre la tierra. Es el mejor lugar donde estar cuando vemos lo arruinados que estamos y clamamos, "¡Ay!". Cuando nos damos cuenta de que Él está en el trono y no nosotros, muchas cosas cambian.

No nos damos cuenta lo mucho que el Señor sinceramente quiere "visitar" nuestra maldad y removerla para perdonar nuestros pecados (Isaías 26: 12-15). Él desea enviar ese carbón ardiente desde Su Santo altar para limpiarnos. Cuando lo veamos como Santo, Impresionante, Majestuoso, Comandante de las poderosas huestes de los cielos, nosotros también tendremos temor de Dios y veremos nuestra pecaminosidad y nos arrepentiremos y seremos limpiados.

Entonces Dios llamó a Isaías y él respondió, "Heme aquí. Envíame a mí". Y Dios envió y encargó a Isaías. Y Él llenó su espíritu con la palabra del Señor para ese pueblo.

Juan el Bautista:

Primero, antes de que Juan el Bautista predicara, a pesar de que fue llamado y lleno del Espíritu Santo desde el vientre de su madre y aunque los profetas habían escrito de él, a pesar de que su padre era sacerdote y Jesús era su primo, la palabra del Señor tenía que venir a Él antes de que pudiera predicar.

"y siendo sumos sacerdotes Anás y Caifás, **vino palabra de Dios a Juan**, hijo de Zacarías, en el desierto. 3 Y él fue por toda la región contigua al Jordán, predicando el bautismo del arrepentimiento para perdón de pecados,". Lucas 3:2-3

Ezequiel

En los tres primeros capítulos de este libro, Jesús se revela a sí mismo a Ezequiel, luego lo llama y lo entrena, poniendo

Sus palabras en su boca. Le enseñó a trabajar con gente testaruda y obstinada. Dios le dio una frente de diamante para que no fuera afectado por el pueblo; Él les daría la Palabra del Señor. Nosotros también necesitamos ser "librados del pueblo" (Hechos 26:17, Jer 15:20).

"Como diamante, más fuerte que pedernal he hecho tu frente; no los temas, ni tengas miedo delante de ellos, porque son casa rebelde". Jer. 3:9

Pablo: "Para que pueda ministrar"

Al igual que nosotros hoy, Pablo nunca conoció a Jesús personalmente, "en la carne", pero lo encontró en el camino a Damasco y cambió toda su vida (Hechos 9:1-9). Después de eso, también recibió una revelación en la cual Jesús le dio el evangelio de que él fue llamado a predicar a los Gentiles. Luego pasó 11 años en el desierto de Arabia siendo entrenado por el Espíritu Santo.

"Mas os hago saber, hermanos, que el evangelio anunciado por mí, no es según hombre; 12 pues yo ni lo recibí ni lo aprendí de hombre alguno, sino **por revelación de Jesucristo.** 13 Porque ya habéis oído acerca de mi conducta en otro tiempo en el judaísmo, que perseguía sobremanera a la iglesia de Dios, y la asolaba; 14 y en el judaísmo aventajaba a muchos de mis contemporáneos en mi nación, siendo mucho más celoso de las tradiciones de mis padres. 15 Pero cuando agradó a Dios, que me apartó desde el vientre de mi madre, y me llamó por su gracia, **16 revelar a su Hijo EN MI, para que yo le predicase** entre los gentiles, no consulté en seguida con carne y sangre, 17 ni subí a Jerusalén a los que eran apóstoles antes que yo; sino que fui a Arabia, y volví de nuevo a Damasco". Gálatas 1:11-17

Mas allá de su experiencia en Damasco, la revelación que recibió de Jesús y el bautismo del Espíritu Santo, hubo un tiempo en la vida de Pablo en que comenzó a descubrir a Jesucristo EN ÉL, fluyendo de él, ungiéndolo, moviéndose a través de él. Esto es lo que le permitió y lo calificó para predicar.

Quizás los primeros apóstoles pudieron haber alegado que no estaba calificado; después de todo, habían pasado más de tres años con Jesús y Pablo no. La vida pasada de Pablo estaba muy contaminada; de hecho, había dirigido el movimiento para exterminarlos a todos.

Lo que calificó a Pablo es lo mismo que necesitamos hoy en día:

Dios escogió a Pablo.

Jesús se revelo a sí mismo a Pablo.

Jesús le trajo revelación del evangelio y lo envió a los Gentiles.

Entonces, Jesús comenzó a revelarse dentro de Pablo para que pudiera predicar.

Cuando esto sucede, reconoces que "y ya no vivo yo, más vive Cristo en mí" (Gal. 2:20). Pablo no fue inmediatamente a los apóstoles en Jerusalén y buscó su aprobación; sólo comenzó a permitir que Jesús ministrara a través de él. Comenzó a hacer lo que Jesús estaba haciendo en él. Jesús quería enviarlo a los Gentiles y por tanto fue.

Cristo en Ti, la Esperanza de Gloria

"a quienes Dios quiso dar a conocer las riquezas de la gloria de este misterio entre los gentiles; que es Cristo en vosotros, la esperanza de gloria, **28** a quien anunciamos, amonestando a todo hombre, y enseñando a todo hombre en toda sabiduría, a fin de presentar perfecto en Cristo Jesús a todo hombre; **29** para lo cual también trabajo, luchando según la potencia de él, la cual actúa poderosamente en mí". Colosenses 1:27-29

Para los Gentiles, Pablo era un ejemplo perfecto de cómo el "más grande de todos los pecadores" y el "menor de todos los santos" podían experimentar vivir en una libertad gloriosa del pecado y de la vieja naturaleza. Así como Pablo había sido cambiado, ellos podían ser cambiados experimentando a Cristo viviendo dentro de ellos. Él instruyó, enseñó e impartió sabiduría a todos ellos hasta que llegaron a ser maduros en Cristo. Esta era claramente la meta de Pablo para cada una de las iglesias donde Él ministraba.

"Y él mismo constituyó a unos, apóstoles; a otros, profetas; a otros, evangelistas; a otros, pastores y maestros, **12** a fin de perfeccionar a los santos para la obra del ministerio, para la edificación del cuerpo de Cristo, **13 hasta que todos lleguemos** a la unidad de la fe y del conocimiento del Hijo de Dios, a un varón perfecto, a la medida de la estatura de la plenitud de Cristo". Efesios 4:11

Los profetas, evangelistas, apóstoles, pastores y maestros eran sólo el medio para **la meta** que estaba construyendo el cuerpo de Cristo hasta que todos lleguemos a conocerlo y hasta que todos nos desenvolvamos en la plenitud de la Estatura de Cristo; **para que todos nosotros "podamos ministrar".**

La Plenitud de la Estatura del Ministerio de Cristo

Sólo podemos ministrar lo que somos. Sólo podemos testificar lo que hemos visto. ¡Cómo necesitamos que Jesús se revele Él mismo a nosotros! ¡Cómo necesitamos ser llamados por Él, entrenados por Él, equipados por Él, empoderados por Él y enviados por Él a un mundo que desesperadamente necesita que **ministremos por Su Espíritu!**

Si nunca vemos esa marca, nunca le alcanzaremos. Si nunca hemos visto este "misterio", nunca podremos recibir su Conocimiento. Si no tenemos a personas como Pablo en nuestras vidas que nos instruya, enseñe y corrija, ¿cómo sabremos? "Y conoceremos, y proseguiremos en conocer a Jehová;" (Oseas 6:3). Él nos entrenará por Su Espíritu, Él nos formará a la misma imagen de su Hijo en nosotros. Él derramará Su palabra en nosotros, Él nos dará una frente como diamante si la necesitamos, Él nos enviará y Él nos llevará; mas tenemos que saber y creer que esto es posible. Tenemos que saber que Dios tiene un "alto llamado de Dios en Cristo Jesús" en cual tenemos que entrar (Filipenses 3:14, Hebreos 3:1).

Es el propósito de nuestro enemigo evitar que podamos ver, creer y recibir. Nuestra carne prefiere no pasar por el "proceso" y el entrenamiento; es más fácil "permanecer carnal", pero para aquellos que lo desean, existe un **ministerio por Su Espíritu.** Llamémoslo el "Ministerio de la Estatura de la Plenitud", donde Cristo ha nacido en nosotros y se ha formado en nosotros y Él brilla a través de nosotros. Es donde Él está ministrando a través de nosotros. Cuando obtenemos la estatura madura de Cristo en nosotros, Él ministrará en poder a través de nosotros.

Esto no es sólo una enseñanza que suena "hermosa" para "hacer cosquillas en los oídos". Es directamente de la palabra de Dios, y la hemos visto en la realidad a través de la vida de Agnes Numer y de aquellos a quienes Dios levantó a través de su ministerio.

Una vez que Él haya logrado completar un alto grado de procesamiento en nuestras vidas, la ambición propia y el orgullo darán paso al verdadero Amor de Cristo. No podemos ser movidos por Su compasión y nuestra ambición al mismo tiempo. Él tratará con todo lo que no es de Él si lo buscamos con ansias y cooperamos con Él. Dios no lo hará sin nosotros y nosotros no podemos hacerlo sin Él.

Nuestra única esperanza de Gloria

Sin Él, todos nuestros esfuerzos son en vano. Nuestra única esperanza para alcanzar la gloria del fluir de Dios a través de nosotros es Cristo EN Nosotros, La Esperanza de Gloria. La única esperanza que tenemos para ministrar a otros y verlos crecer en madurez es **Cristo ministrando A TRAVÉS de Nosotros en Su Gloria.** Él quiere fluir a través de nosotros como ríos que fluyen hacia el desierto para traer sanidad a las naciones. Amén.

REVISIÓN: CRISTO EN TI, LA ESPERANZA DE GLORIA

1. Dios a menudo se revela a sí mismo a nosotros en una gran experiencia.

   a. Verdadero

   b. Falso

2. Cuanto más Lo vemos, más llegamos a ser como Él.

   a. Verdadero

   b. Falso

3. ¿Qué respuesta describe mejor la frase "todo se ha acabado para mi"? (Isaías 6:5 NTV)

   a. No hay esperanza para mi

   b. Mis labios están contaminados por el pecado

c. Este es mi fin

d. Todas los anteriores

4. ¿En cuál escritura aprendemos que Dios quiere visitar nuestra maldad y removerla?

a. Juan 10:12

b. Isaías 26:12-15

c. Jeremías 30:10

d. Lucas 3: 2-7

5. La herencia sacerdotal de Juan el Bautista y las antiguas profecías sobre Él lo calificaron para predicar.

a. Verdadero

b. Falso

6. Dios le dio a Ezequiel una frente como diamante para:

a. Poder romper la piedra para construir caminos

b. No ser afectado por la gente obstinada

c. No amar a la gente a donde Dios lo estaba enviando

d. Entender mejor a la gente

7. Lo que calificó a Pablo para predicar fue que:

a. Nació de una línea sacerdotal y fue altamente educado en las escrituras

b. Había pasado 3 años con Jesús como discípulo

c. Comenzó a experimentar a Jesucristo EN ÉL, fluyendo de él, ungiéndolo para ministrar

d. Fue aprobado por los otros apóstoles en Jerusalén

8. ¿Cuál era la meta de Pablo para los Gentiles a los que predicaba?

a. Que se convirtieran en las iglesias más grandes de Asia

b. Que llegaran a conocer las Escrituras mientras Él ministraba

c. Que maduraran en Cristo

d. Que pudieran tener una revelación del misterio que predicaba

9. La meta fue establecer Apóstoles, Pastores, Maestros y Evangelistas en cada lugar.

a. Verdadero

b. Falso

10. Nuestra única esperanza de alcanzar la gloria de Dios que fluye a través de nosotros es:

a. Asistir al mejor seminario

b. Cristo en Nosotros, la Esperanza de Gloria

c. Ser ordenado como apóstol

d. Memorizar capítulos enteros en preparación para la predicación

CAPÍTULO 21

EL AMOR DE DIOS DEMOSTRADO

Jehovah Jireh – Dios provee todo

¡QUÉ HERMOSO GOZO hemos tenido por más de 50 años! Nunca hemos carecido de nada. Él ha sido nuestro Jehová Jireh. Queremos dejar en claro que no tuvimos que ir a ninguna tienda, no tuvimos recaudaciones de fondos, no enviamos cartas de solicitud ni tenemos una "lista de socios", o una subvención. La gente simplemente daba a medida que el Señor se movía sobre su corazón. Si alguna vez pedimos algo, no fue para nosotros mismos, fue para los pobres o para las naciones. Teníamos mucho, mucho que dar y mucho más. Cada persona daba de sí mismo libremente, voluntariamente, nadie recibió salario, y Dios fue el proveedor.

Él se deleita en cuidar a Su pueblo. Unos ejemplos:

Israel - no tuvo carencias en el desierto.

Jesús - aves/zorras – ningún lugar donde recostar su cabeza.

Pablo - abundancia/escasez – el don de estar contento

Elías - alimentado en tiempo de escasez – cuervos, la viuda y un ángel

Isaac – bendecido en escasez, recibió 100 veces la cosecha en sequía. (Genesis 25, 26)

Iglesia primitiva – vendieron/compartieron lo que tenían, mucha persecución. Más tarde, recibieron dinero recaudado por las iglesias Gentiles.

Si, hubo muchas ocasiones similares a la de Jesús y los siete panes y dos pescados donde Dios multiplicó la comida. Siempre había suficiente para dar a todos los que venían. No enviábamos a la gente de regreso sin nada; normalmente el problema más grande era que el automóvil de la persona necesitada no era lo suficientemente grande para albergar todas las bendiciones.

"Comeréis hasta saciaros, y alabaréis el nombre de Jehová vuestro Dios, el cual hizo maravillas con vosotros; y nunca jamás será mi pueblo avergonzado". Joel 2:26

No, esto no sólo funciona en América. Todos nuestros ministerios hermanos en cada parte del mundo han aprendido a BUSCARLE A ÉL para cada una de sus necesidades. De hecho, a medida que nosotros derramamos de "nuestro **propio** pan para alimentar a los hambrientos" somos llenos. ¿Cómo se alimenta a 200 huérfanos en la India cuando la mayoría de las familias ni siquiera se pueden alimentar a sí mismas? ¡Jehová Jireh! ¿Cómo se distribuye comida en los Estados Unidos para alimentar a 15.000 personas por semana? ¡Jehová Jireh! ¿Cómo se puede ayudar a 85 viudas a celebrar la Navidad en Nigeria? ¡Por supuesto, sólo con Jehová Jireh! ¿Carpas, comida y medicina en el Norte de Pakistán? ¡No es problema para Jehovah Jireh!

Si, Lo conocemos como Jehovah Jireh, y tú también puedes. Cuando veas la necesidad y comiences a dar "lo que esté en tu mano" entonces Él proveerá más de lo suficiente. Porque su Nombre es JEHOVAH JIREH. Él es más que suficiente, el todo suficiente, Dios Todopoderoso.

Demostrando el Amor de Dios al Pobre

Distribución de Alimento

Primero vino la visión y luego la provisión. La provisión comenzó pequeña y creció a medida que aumentó nuestra capacidad de creer y recibir. Pronto estaríamos necesitando una camioneta, luego un camión, después un camión semirremolque para llevarlo todo.

En el aspecto práctico, distribuir alimentos a los necesitados es un equilibrio de la cantidad de alimentos disponibles, cuánto puedes recibir (logística, camiones, combustible, horas, conductores, etc.), a cuántas personas estás dando, cuántos voluntarios están dispuestos a ayudar y cuánto cuesta hacerlo. Hemos visto a Dios mantener todo esto en equilibrio para nosotros durante todos estos años. Dependemos totalmente de Él y Le damos la gloria.

Nos encanta dar la provisión de Dios; ya sea a una familia pequeña o a miles de personas; siempre podemos sentir el Amor de Dios siendo demostrado a la gente. Siempre les decimos, "Esto es la provisión de Dios para ustedes. Denle gracias a Él por esta bendición. Nosotros no la compramos; Él la proveyó porque Él les ama".

Comidas y Hospitalidad

En cada cultura, durante muchas generaciones, la hospitalidad se mide en cómo se expresó el amor a amigos y extraños. En la cultura de Dios, a Él le encanta servir a la gente y darles la bienvenida. Uno de los eventos finales que se avecinan al final de los tiempos es una gran fiesta de boda. Dios enseñó a su pueblo a tener tanto fiestas como ayunos espléndidos. Construyó magníficas celebraciones en la cultura de Su pueblo. Jesús pasó muchos momentos íntimos con la gente durante una comida. Fue acusado de ser un glotón por algunos de la multitud religiosa. Jesús ama a la gente.

A cada huésped que vino se le ofreció bebidas y se les preguntó si habían comido. Solíamos decir: "Debes quedarte para almorzar o comer algo". Y las comidas que salieron de esa pequeña cocina, ¡GUAU! La provisión de Dios con su sabiduría amorosa hizo algunas de las comidas más asombrosas. Se les puso mucha atención, porque estábamos sirviendo al pueblo de Dios. Lo estábamos haciendo para Él.

En la cultura que teníamos, viviendo junto con 60 o 80 personas, siempre había una fiesta de cumpleaños, aniversario o algo grandioso para celebrar. Algunas de nuestras "reuniones" comenzaron o terminaron con pastel, helado, café o té. Nos encantaba hacer de cada cumpleaños una ocasión para esa persona especial. ¡Cuántas personas lloraron por el amor que sintieron, a menudo por primera vez en su vida! Lo natural y lo espiritual simplemente fluyendo juntos en una hermosa y exuberante forma familiar.

La Viuda, el Huérfano y el Errante

Además de nuestra Escritura central en Isaías 58, los pobres y necesitados son mencionados en todas partes de la Biblia.

La palabra "pobre" es usada 200 veces. "Necesidad y Necesitado" 162 veces. "Desamparado y oprimido" 48 veces, "viuda" 82, "huérfano o sin padre" 44, etc.

Hay muchas promesas relacionadas con el cuidado de la gente que acabamos de mencionar. Nuestras vidas comienzan a tener un nuevo significado cuando Dios se derrama a través de nuestros recipientes para tocar a los más vulnerables de nuestro mundo a través de Su amor.

El Salmo 72, escrito por el Rey David a su hijo Salomón, bendice a su hijo para ser un buen rey y describe cómo debe de ser un reino "bueno". El Reino de Dios demostrado en la tierra con el Rey Jesús en el trono se vería como todo lo escrito en este Salmo y más. Una comunidad de personas con Jesús en el trono también estaría cuidando de los pobres y los necesitados. Por favor, lean por ustedes mismos y sean bendecidos.

Servir al necesitado era una práctica de la iglesia primitiva. A menudo, ellos comían juntos y siempre se acordaban del necesitado. Ahí fue donde Esteban desarrolló su ministerio, sirviendo mesas. Pablo hizo que su preocupación mientras viajaba fuera hacer recolecciones para los pobres. Ciertamente, llevar tanto dinero era un ministerio arriesgado. La iglesia de Jerusalén fue apoyada de esta manera cuando la persecución era tan pesada que no podían tener trabajo y sus fondos de la venta de sus casas y propiedades se estaban agotando.

Job, al reclamar su integridad, dijo que había cuidado de la viuda, lo que están sin padres, el huérfano y forastero. (Job 31:15-21)

El templo en el Antiguo Testamento era el lugar designado por Dios para reunir provisiones para los pobres, las viudas y los errantes. Dios estableció que era responsabilidad de la iglesia cuidar de los necesitados Es sólo en los últimos tiempos que se han instituido programas de bienestar social y de gobierno.

Alivio durante desastres

Dios ha prometido claramente que al final de los tiempos habrá un aumento de guerras, calamidades y desastres naturales y espirituales. El que prometió bendiciones también prometió persecuciones. Cuando la crisis llega a la vida de un pueblo, sus habitantes están más abiertos a las cosas espirituales. Dios tiene más sentido para alguien cuando no tiene respuesta en sí mismo, el gobierno no tiene respuesta y algo ha "sacudido todo lo que puede ser sacudido" en sus vidas. Necesitamos estar listos para "dar una respuesta" a esta gente de maneras prácticas.

Intercesión: Muchas veces los desastres fueron desviados por medio de la intensa intercesión inspirada por el Espíritu Santo que sólo es conocida por Dios mismo. Sólo Él sabe para qué fueron las horas de trabajo. Sólo Él ve los resultados. Hay veces, sin embargo, que sabíamos más específicamente por lo que estábamos orando mientras Él proporcionaba entendimiento. Esas experiencias en la oración fueron muy profundas, ya que todos nos reuníamos en la sala y llamamos al Dios Viviente a intervenir en los asuntos mundiales. También fuimos guiados a arrepentirnos en nombre del pueblo de Dios como lo hicieron Daniel y Esdras para evitar la mano del juicio de Dios y liberar Su Misericordia. (Daniel 9 y Esdras 9)

Preparación: Entrenamiento, Provisiones, Práctica, Redes y Experiencia

El Espíritu Santo dará sabiduría a todos los que escuchen. El sabio escuchará, obedecerá y estará preparado (Mateo 7:24-25). Construir sobre la Roca es tener un estilo de vida basado en la Sabiduría de Dios. Necesitamos un oído para oír al Señor decir: "Deben estar preparados para demostrar mi Amor en medio del Desastre".

Recibir camiones semirremolques y distribuir alimentos a 15,000 personas por semana es un gran entrenamiento en respuesta a desastres. Quienes trabajaron con nosotros para distribuir alimentos a los necesitados, aprendieron a responder y a trabajar con otros durante los grandes desastres. La realización de grandes eventos de alcance comunitario también nos ha ayudado a entrenarnos a nosotros y a otros.

Amar a los desesperados y necesitados toma una gracia especial que se aprende con la práctica, clamándole a Él por más amor mientras nos encontramos con gente difícil de amar. Las relaciones y la red que se forman a través de la distribución semanal y los eventos comunitarios son clave para responder a las crisis locales. Cuando las personas necesitadas vienen a las iglesias regularmente, desarrollan una confianza, y esa iglesia se convertirá naturalmente en un centro de distribución en tiempos de crisis mayores.

Las provisiones que se mantendrán a largo plazo se almacenan para el futuro y se rotan para mantener una reserva a mano "por si acaso". Las relaciones de redes con grandes organizaciones de respuesta ante desastres ayudan a preparar y hacer planes ante desastres.

Respuesta:

Inmediata. Nuestra gente ha estado en medio de algunas de las más famosas crisis mundiales; Monte Pinatubo, la caída del comunismo en Rusia, Katrina, el super ciclón de Orissa, el terremoto del norte de Pakistán, etc. De alguna manera, Dios sabe cómo colocar a Su pueblo en el mejor lugar para llevarle Su gloria.

A largo plazo. La mayor parte de nuestro trabajo ha estado en la fase de reconstrucción. Enviar provisiones y equipos para ayudar a reconstruir y ministrar es muy significativo para las personas. Ellas sabrán que somos Sus hijos por medio de nuestro Amor. No es la obra que hacemos, sino el Espíritu fluyendo a través de nosotros mientras trabajamos. Es Él quien está dentro de nosotros que brilla y los toca.

Unidad: Si nos aplicamos a desarrollar relaciones ahora que nos alineen en unidad, cuando llegue una crisis, podemos trabajar juntos para Responder y Reconstruir. Aquellos que se han separado ahora pueden no tener a nadie a quien llamar cuando estén en necesidad. Gran parte de nuestro trabajo actualmente es basado en años de inversión en nuestro propio valle por parte de Agnes Numer; estamos trabajando donde ella formó relaciones que están ayudando a unificar el pueblo de Dios para estar listo y hacer planes para trabajar juntos en ese "Gran Dia".

Crisis Diarias: Hay mini desastres en vidas familiares a nuestro alrededor a diario. Si estamos preparados para una crisis mayor, estaremos mucho mejor preparados para responder a quienes con frecuencia se encuentran en necesidad a nuestro alrededor. ¡Qué tengamos ojos para ver y oídos para oír los lamentos de los quebrantados de corazón y responder mediante Su Amor!

Rehabilitación y Discipulado

El enemigo ha puesto muchas trampas para que caiga nuestra carne. Una de las más difíciles de extraer es la droga, el alcohol y la adicción sexual. Un individuo en esta trampa rara vez permanecerá libre sin el apoyo de un amor duro y espiritual, una familia que entiende la responsabilidad y sabe trabajar junto al Señor para luchar por esa libertad.

Hemos visto a cientos venir y ver a Dios librarlos de estas trampas. Encontraron un nuevo significado y propósito en "retribuir" a la comunidad. Nuestro ministerio con Isaías 58 en su núcleo ha proporcionado entrenamiento de la vida real, social, física, mental y espiritual, 24 horas al día. Estas personas pudieron reingresar a la sociedad con un entrenamiento que nunca tuvieron como niños. Dios visitó a los "otros Señores" que habían reinado en ellos, sanó su corazón roto y les dio una visión para su futuro y una esperanza para ser una bendición en la vida. La Palabra tenía que hacerse carne dentro de ellos y liberarlas.

Tecnología Apropiada

¿Por qué estamos hablando de "Desarrollo Comunitario"? Es por el Amor de Dios. Es debido a Isaías 58 que nos ordena "edificar las ruinas antiguas". Es el amor de Dios DEMOSTRADO a través de nosotros a un pueblo necesitado; llevando la Voluntad de Dios en la tierra. El envío de contenedores a veces es necesario, pero el desarrollo comunitario dirigido por el Espíritu Santo es, con mucho, el medio más eficaz para destruir la resistencia de Satanás al Evangelio que se ha edificado en una comunidad.

Oportunidad es un término increíblemente poderoso que simplemente significa "dar a una persona la chance de tener éxito, prosperar, ser bendecida o sobrevivir". Muchas ataduras se rompen cuando un pueblo tiene esperanza y **oportunidades**. Una idea que funciona, una tecnología que tendrá éxito, un método que ahorrará mano de obra o costos y un plan que sea posible, todos proporcionan una **Oportunidad** para un individuo y una comunidad que estaban desesperanzados.

La palabra "apropiada" significa "adecuado a la situación". Estamos viendo la tecnología que satisface la necesidad de un pueblo que al mismo tiempo es considerado con su ambiente, su ética, su cultura y sus estructuras sociales, políticas y económicas. Un proyecto de tecnología apropiado debe utilizar materiales disponibles localmente y económicos sin dañar su medio ambiente o socavar su cultura. Una gran idea en una cultura fracasaría en otra.

Sostenibilidad significa que todo lo que hayas hecho continuará mucho después de que hayas abandonado este mundo. Los mejores proyectos pasan a formar parte del tejido de la sociedad. Ellos creen que fue su idea y que así eleva el nivel de vida para las generaciones venideras. En algunas sociedades, esto era mejor hecho por las mujeres, en otras, por hombres. A veces debemos ir a la juventud y aprovechar sus tendencias de pensamiento hacia el futuro. Cómo debemos trabajar con cada pueblo, requiere que tengamos la sensibilidad con el Espíritu de Dios y la gente. Es Dios quien desea "LLEVARNOS" a las naciones y demostrar a través de nosotros QUIÉN ES ÉL. Él sabe lo que cambiará la dirección espiritual de una nación y Él nos entrenará y nos guiará en el camino para acercarnos a cada comunidad.

Mucha gente pregunta: "Si Dios realmente es un Dios de amor, ¿por qué hay tanto sufrimiento en el mundo?"

Parte de esta respuesta es: porque hoy en el mundo, Dios está trabajando a través de Su Iglesia y muchos de Su pueblo están demasiado ocupados dentro de los cuatro muros del edificio de su iglesia para considerar ser Sus manos extendidas a quienes ama tanto que están afuera, hambrientos, necesitados, sin hogar y en condición de indigentes. Es porque la iglesia ha perdido su dirección de "ir a todo el mundo". Es porque hemos hecho un negocio con la religión en lugar de estar disponibles para Dios como Su amor manifestado a aquellos por los que murió.

Una demostración del Reino de Dios en la tierra: ¿Cómo se vería?

Tanto reyes como granjeros fueron a ver las fincas palaciegas del rey David. Incluso los pobres de ese entonces eran hombres ricos. El oro y la plata cubría las calles. Sabiduría y Gracia prevalecieron en todas partes. Así se veían las cosas estando Dios dirigiendo al rey para guiar a Su pueblo.

La gente tenía tiempo para escribir música, dedicarse al arte y construir una arquitectura increíble. Este era un Reino de Personas bendecidas por Dios. Estas eran las personas elegidas por Dios que vivían en obediencia a Él.

La forma en que hemos vivido en All Nations International y Sommer Haven ha atraído a miles de personas de Dios por más de 50 años para ver el "modelo" y recibir una impartición de la visión y el corazón de Dios el Padre. Ven la provisión, sienten Su amor, y ven la unidad. Él es el Rey y nosotros somos Su pueblo. Este es el Corazón del Padre.

Esto es lo que Él desea. Mostrar lo hermoso que es a través de personas que rinden sus vidas para seguirlo. Vivimos por sus principios, buscamos Su sabiduría y le adoramos. Lo que ves en lo natural, es cómo Él "demuestra Su amor por nosotros" y a través de nosotros a nuestra comunidad y a nuestro mundo. Muchos de los que vienen salen con una nueva comprensión de la visión de Dios para Su pueblo y para Su mundo y "empiezan a construir" de acuerdo a esa visión.

Es su Amor, Su Provisión y Su Gloria

No hay nada bueno que se haya hecho y que nosotros mismos seamos los autores. Es Su Amor que está en nosotros. Es Su Provisión que ha sido derramada a través de nosotros. Es Él quien debe recibir toda la Alabanza, Honra y Gloria.

REVISIÓN: EL AMOR DE DIOS DEMOSTRADO

1. ¿Cuál de estas alternativas no es ejemplo de la provisión de Dios?

a. Elías – alimentado en tiempo de escasez

b. Isaac – bendecido en escasez

c. Ezequías – el don de estar contento

d. Israel – no tener carencias en el desierto

2. La abundante provisión de Dios sólo funciona en América

a. Verdadero

b. Falso

3. Puedes conocer a Dios como Jehovah Jireh mediante:

a. Comenzar a dar "lo que sea que esté en tu mano"

b. Obtener una camioneta roja

c. Unir a todas las iglesias

d. Orar hasta que alguien llame a tu puerta

4. Con Jehovah Jireh, ¿qué viene primero?

a. Un presupuesto

b. La provisión

c. La visión

d. Una reunión del Consejo

5. Por muchas generaciones, el amor ha sido expresado mediante:

a. Un abrazo

b. Una sonrisa

c. Tarjetas de felicitaciones

d. Hospitalidad

6. Cuando sirves a la gente que Dios ama, lo estás haciendo para El.

a. Verdadero

b. Falso

. . .

7. ¿Qué Salmo describe cómo sería el Reino de Dios bajo el Rey Jesús?

a. Salmo 24

b. Salmo 72

c. Salmo 85

d. Salmo 100

8. Dios estipuló que el gobierno cuidara de las viudas y los huérfanos.

a. Verdadero

b. Falso

9. ¿Mediante qué maneras se puede servir a las personas en las crisis, que es un momento en que están más abiertas a Dios?

a. Intercesión

b. Preparación

c. Respondiendo

d. Todas las anteriores

10. ¿Cómo podemos aplicarnos ahora de una manera que nos ayude a trabajar juntos durante una crisis?

a. Memorizando escrituras

b. Desarrollando relaciones

c. Poniéndonos en forma con entrenamiento de pesas

d. Teniendo muchas provisiones almacenadas

11. Una razón porque hay mucho sufrimiento en este mundo hoy en día es porque Dios está buscando a alguien por quien trabajar a través de él.

a. Verdadero

b. Falso

12. Dios ama bendecir y hacer prosperar a Su Pueblo.

a. Verdadero

b. Falso

13. Cuando guardemos lo que Dios nos ha dado, finalmente tendremos todo lo que alguna vez soñamos

a. Verdadero

b. Falso

14. El corazón del Padre es para mostrar lo hermoso que Él es a través de un pueblo que dará su vida y Lo seguirá.

a. Verdadero

b. Falso

15. Dios derrama Su provisión para que podamos recibir gloria.

a. Verdadero

b. Falso

CAPÍTULO 22

HABITANDO JUNTOS EN ARMONÍA

Viviendo Juntos en Unidad

Uno de los mayores campos de entrenamiento del Espíritu Santo es cuando Dios reúne a personas de muchas culturas diferentes, acentos, orígenes, edades y niveles de "semejanza a Cristo". Comen y viven juntos y trabajan juntos, unidos por una visión y un propósito común que provienen de Él. Pudimos vivir juntos en unidad debido a la nube eclipsante de Su Amor que saturaba Sommer Haven. Dios había escogido morar con nosotros y nosotros habíamos hecho nuestra elección personal permitirle entrenarnos por su Espíritu a través de todo lo que sucedería y todos los que conoceríamos. Guardamos cuidadosamente esa unidad, porque de ella dependían nuestra "**bendición**" y nuestra "**vida para la eternidad**". Había muchas personas que no eran "fáciles de amar" y ellas se convirtieron en nuestra mayor bendición, porque nos ofrecieron el entrenamiento más eficaz, ya que tuvimos que confiar en Su gracia, sabiduría y comprensión para vivir con ellas.

"**Allí Envía Jehová Bendición**"

Salmo 133:1 !!Mirad cuán bueno y cuán delicioso es habitar los hermanos juntos en armonía! **2** Es como el buen óleo sobre la cabeza, El cual desciende sobre la barba, la barba de Aarón, y baja hasta el borde de sus vestiduras; **3** Como el rocío de Hermón, que desciende sobre los montes de Sion; porque allí envía Jehová bendición, y vida eterna.

En esta escritura, la unidad se compara con una fragancia tan dulce como el Santo aceite de unción; trae una sensación tan refrescante como el rocío de la mañana; trae suavidad a la piel. Dios ordenó a los sacerdotes ser ungidos con aceite antes de venir y ministrar a Él y así tenemos que mantener la unidad antes de venir a Dios y esperar que Él reciba nuestra ofrenda. El rocío sobre las colinas trajo fecundidad a todo lo que creció allí. Podemos esperar que Dios multiplique nuestra fecundidad en una atmósfera de unidad.

Antes sed benignos unos con otros, misericordiosos, perdonándoos unos a otros (Efesios 4:32)

Bondad fraternal; lo que haces sin que te lo pidan, sólo por amor, porque amas a tu hermano. Cuando practicamos la bondad intencionalmente, estamos sembrando semillas de sanidad y vida. Derrama un poco de rocío en el jardín del corazón de un hermano; cuando crezca, disfrutaremos del fruto. Incluso los hombres pueden ser tiernos entre sí cuando nos atrevemos a dejar caer nuestra imagen machista y tomamos la imagen de Cristo.

Caminando en Perdón

Elegir "no llevar cuenta cuando alguien te hace mal". Este es el amor de Jesús en nosotros. El capítulo sobre el amor dice que "El amor apenas se da cuenta cuando alguien hace algo mal". Cualquiera puede contar tus errores, pero sólo un hermano cercano muestra un ejemplo de Su gracia "setenta veces siete". No podemos esperar caminar en unidad sin caminar en una actitud de perdón continuo, sin aferrarnos a los errores que nos hicieron. No permitir que la pared protectora de "ser más cuidadoso la próxima vez" crezca entre nosotros. No dejar que "se ponga el sol sobre vuestro enojo" y cuando algo provoca, mantendremos la pizarra limpia que es "nueva cada mañana".

"Airaos, pero no pequéis; no se ponga el sol sobre vuestro enojo," Efesios 4:26

No ofendernos

Primero, seamos claros. Habrá ofensas; (Lucas 17:1) pero, ¿vamos a permitir que Dios saque fruto de esas situaciones?

¿Por qué se ofende la gente?

Podemos ser ofendidos cuando **tropezamos con la palabra** porque somos desobedientes. (1 Pedro 2:8)

Podemos sentirnos ofendidos cuando **la luz expone áreas oscuras** en nuestra vida. Él nos "llamo de las tinieblas a su luz admirable". La luz expone la oscuridad y esto es incómodo y tenemos que tomar una decisión: esconder y ocultarnos o arrepentirnos y recibir misericordia. (1 Pedro 2:9)

Podemos ser ofendidos cuando estamos **tratando de hacer las cosas nosotros mismos** y no estamos humildemente dependiendo de la obra terminada por Jesús mediante la Fe. Cuando nuestras buenas obras se muestran como trapos sucios, hiere nuestro orgullo. Algo se levanta dentro de nosotros mismos y decimos, "pensé que lo estaba haciendo muy bien" o, "¿quiénes son ellos para decirme...?". Cuando hacemos todo lo que hacemos para el Señor, dependiendo de su Espíritu, no nos ofenderemos fácilmente. Rom. 8:5-8 deja claro que la carne no puede complacer a Dios y es enemistad contra Él. Por lo tanto, no sería sorprendente que aquellos que están llenos de Él ofenderían a aquellos que se esfuerzan por complacer a Dios en la carne. Ejemplo: Saúl y David.

Podemos ser ofendidos cuando no somos reconocidos, entendidos o apreciados. Por ejemplo: Los judíos fueron ofendidos porque, después de todo, "somos el pueblo de Dios, estamos por encima de los Gentiles y tenemos nuestra 'herencia'". (1 Pedro 2:10, Isa. 8:14) cuando no somos tratados como 'especiales' es difícil para nuestra carne. Pero Jesús, el Hijo de Dios, "se despojó a sí mismo, tomando forma de siervo," y Pablo nos dice que "tengamos el mismo sentir". (Fil. 2:5,7) Si no estamos "dispuestos a humillarnos y tomar la forma de un siervo", entonces nuestra imagen o nuestra reputación interfiere en nuestro camino de servir a Dios con un corazón puro. Deja que Dios te "exalte cuando fuere tiempo;". (1 Pedro 5:6)

NOTA: Podemos ser justamente ofendidos como lo fue Jesús por Pedro porque "no puso la mira en las cosas de Dios, sino en las de los hombres". (Mateo 16:23). Que Dios nos ayude a discernir cuando estamos justamente ofendidos y cuando es sólo nuestra carne.

"En cuanto dependa de vosotros"

"Si es posible, en cuanto dependa de vosotros, estad en paz con todos los hombres". Romanos 12:18

Pablo tuvo mucho cuidado de no dar ninguna ocasión de ofensa de manera que el ministerio no fuera culpado (2 Cor. 6:3) y así su conciencia estaría limpia (Hechos 24:16) dijo: "procuro tener siempre una consciencia sin ofensa" ante todos los hombres.

Hay gran sabiduría en Eclesiastés 10:4. Nos instruye que "la mansedumbre hará cesar grandes ofensas". ¿Podemos tomar el camino fácil cuando un hermano se ofende, aunque él sea ofendido por nosotros en Cristo, ¿podemos, con una respuesta suave, alejar su ira? ¿Estamos dispuestos a "**restauradle** con espíritu de mansedumbre, considerándote a ti mismo, no sea que tú también seas tentado?" (Gálatas 6:1). ¿Estamos dispuestos a "sufrir dolores de parto, hasta que Cristo sea formado en vosotros"? (Gálatas 4:19)

Hablando la Verdad en Amor

Muy a menudo no es **lo que decimos**, si no **cómo lo decimos**, que ofende o aumenta la ofensa. ¿Estamos "corrigiendo con mansedumbre" (2 Timoteo 2:25) o "nos enseñoreamos sobre ellos"? (Mateo 20:25).

La gente sabe cuándo los amamos sinceramente y estamos dispuestos a poner nuestras vidas por ellos que aquellos podrían tener el evangelio. (1 Juan 3:16) ¿Estamos dispuestos a amar no sólo en palabra sino en hechos y en verdad? (1 Juan 3:18)

Cada gente y cultura sazona su comida un poco diferente. Algunos alimentos son difíciles de comer simplemente por la forma en que están condimentados. Si nos importa lo suficiente nuestro hermano, desearemos "sazonar" la verdad para que sea apetecible para ellos. Podemos pedirle a Dios la sabiduría que se necesita para hablar con "los que no tienen" y que carecen de alguna área.

"Andad en sabiduría para con los extraños, redimiendo el tiempo. **6** Sea vuestra palabra siempre con gracia, sazonada con sal; para que sepáis cómo os conviene responder a cada uno". (Colosenses 4:5-6)

"más ay de aquél por quien vienen!". (Lucas 17:1 y Mateo 18:7)

Esto es una advertencia para nosotros. Si alguien es ofendido, cuidemos de que no sólo se ofenda por nuestra carne. Procuremos poder guiar con el ejemplo y que la verdad de Dios que se demuestra a través de nosotros haga la ofensa. Que sea la presencia de Dios la que condene. Oremos para que podamos restaurar y animar a nuestro hermano/hermana de nuevo en Sus caminos. Busquemos tener nuestra conciencia clara. Protejamos la UNIDAD de los hermanos y el flujo de su Espíritu porque la bendición ordenada de Dios depende de ella.

No formar Lazos De Alma

Hay una bendición en tener un amigo o alguien a quien le gusta hacer las mismas cosas que a nosotros, pero hay un tipo más alto de relación que es aún más satisfactoria. Si sólo hemos experimentado amistades naturales, tal vez no comprendamos que Dios nos está llevando a tener comunión entre nosotros por medio del Espíritu del Señor. Tanto los hombres como las mujeres tienen ciertas formas de relacionarse con otras personas y muchas de estas formas producen amistades muy superficiales. Todos anhelamos relaciones significativas que satisfagan a nuestras almas sedientas, pero con demasiada frecuencia, somos traicionados, malinterpretados, rechazados o incluso se aprovechan de nosotros.

A menudo nos abrimos a "las personas equivocadas" y formamos "lazos de alma" con aquellos que pueden afectarnos durante años. Muchos del pueblo de Dios están encontrando la libertad a través de la oración para romper los lazos de alma que han hecho a lo largo de sus vidas. Hacemos imprudentemente convenios y acuerdos con personas que no caminan en la misma dirección que nosotros. "¿Andarán dos juntos, si no estuvieren de acuerdo?" (Amos 3:3). Dios nos hizo para tener comunión con Él y con los demás a través de Él, pero **ambos** debemos andar "de acuerdo con Él".

Vivir verdaderamente juntos en Unidad requiere que nos relacionemos unos con otros por el Espíritu del Señor y no por nuestra propia carne. Las relaciones carnales permanecen en los reinos mental, físico y emocional. Son naturales, terrenales, carnales y humanas. Estas relaciones implican simpatía en lugar de compasión; unidad de gustos, disgustos e ideas en lugar de unidad de propósito, espíritu y valores; quejarnos en lugar de tener Fe; "mi necesidad" en lugar del amor de Cristo demostrado. Cuando estamos unidos por Su Espíritu, primero estamos de acuerdo con Él y luego automáticamente unos con otros. Esto es lo que Jesús oró a Su Padre por nosotros; que podamos ser uno con Él y con el otro. (Juan 17:20-23)

Pablo propuso en su corazón "no conocer a ningún hombre según la carne", sino conocer a la "nueva criatura" y ministrar a ese "hombre nuevo" y guiarlo a reconciliarse con Dios a través de Cristo (lee atentamente 2 Corintios 5:16-17). Pablo dice que su ministerio era ver a los hombres restaurados en su relación con Dios Padre (ministerio de reconciliación).

Agnes nos instruyó a menudo: "Están aquí para conocer a Dios, no para hacer amigos". Las relaciones carnales conducen a más carnalidad, pero la comunión nos lleva a "construir, animar, provocar (a buenas obras), ser corteses, ser amables, servir y honrarnos unos a otros. (Por favor lee 1 Pedro 3:8, 1 Pedro 1:22, Hebreos 10:24, 1 Tesalonicenses 4:9, 1 Tesalonicenses 3:12, Gálatas 5:13, Romanos 12:10) así que apuntemos más a ser una familia cuyos miembros se edifican unos a otros que a tener amigos. Atrévete a enfrentarte sin compromiso, instruir con mansedumbre, amar fervientemente, preferir a los demás más que a ti mismo, ser transparente, honrarnos unos a otros y aumentar y abundar en AMOR unos a otros. El AMOR de Dios hacia el otro, así como Dios nos ha amado.

Caminar en la Luz produce Comunión

Sin nada oculto de Dios, podemos caminar en Su poder purificador y renovador que nos transforma de Gloria a Gloria. Cuando aprendemos a admitir y confesar rápidamente nuestras faltas a medida el Espíritu Santo las ilumina y **por fe** recibimos la "limpieza de toda injusticia", caminaremos en la LUZ. Si no nos aferramos a la ofensa contra nuestros hermanos y caminamos en el perdón y el amor, estamos caminando en la LUZ. Si estamos buscando la santa comunión y no una amistad carnal, podemos tener comunión en la LUZ.

Una de las cosas hermosas de caminar en la luz es la **comunión** que tenemos con Dios, y otra cosa es la **unidad** que tenemos con aquellos que también están "caminando en la luz" (Juan 8:12) sin "ninguna parte oscura" (Lucas 11:36) y con la sangre purificante de Jesús que nos cambia activamente.

"Pero si andamos en luz, como él está en luz, tenemos comunión unos con otros, y la sangre de Jesucristo su Hijo nos limpia de todo pecado". 1 Juan 1:7

Cuando hemos estado caminando en comunión el uno con el otro por un tiempo y permitimos que un pecado en nuestra vida o una ofensa esté en nuestro corazón, podemos sentir la diferencia inmediatamente. Tal vez es similar al anhelo en la voz de Dios llamando a Adán en el fresco del día, "Adán, ¿dónde estás?". Esta es una unidad que se puede sentir. Se acumula y fortalece "las coyunturas que se ayudan mutuamente". (Efesios 4:16) y cuando esa fuerza y ayuda se ha ido, nos damos cuenta.

"Entonces se levantó Jonatán hijo de Saúl y vino a David a Hores, y fortaleció su mano en Dios". 1 Samuel 23:16

Fluyendo juntos

En esta hora, Dios desea tener un pueblo que sepa fluir para lograr Su propósito en la Tierra. Él prefiere hacer un **pueblo de Dios** que un hombre de Dios: un pueblo en unidad con Él y los unos con los otros. Como el ejército de Joel que no rompió rango ni se empujó unos a otros. Él dijo, "Este pueblo he creado para mí; mis alabanzas publicará". Isaías 43:21. La Alabanza y Gloria de Dios en este tiempo vendrán a través de un pueblo unido. Demostrará Su Amor, Su Gloria y Su Provisión por medio de nosotros a medida que le permitamos prepararnos.

"Te levantarás y tendrás misericordia de Sion, porque es tiempo de tener misericordia de ella, porque el plazo ha llegado. 14 Porque tus siervos aman sus piedras, y del polvo de ella tienen compasión. **15**Entonces las naciones temerán el nombre de Jehová, y todos los reyes de la tierra tu gloria; **16** Por cuanto Jehová habrá edificado a Sion, y en su gloria será visto; **17** Habrá considerado la oración de los desvalidos, y no habrá desechado el ruego de ellos". (Salmo 102:13-17)

Cuando esto fue escrito, no había templo. Anhelaban construirlo. Todo lo que tenían eran las piedras que estaban en ruina, ni siquiera una encima de la otra. Pero, al menos, tenían las piedras polvorientas. A través de los siglos, cada vez que el templo fue completado, Dios lo llenó con su Gloria. Y con cada templo sucesivo, la Gloria se hizo mayor.

Ahora Dios está listo para reunir todas Sus piedras (ministerios y personas) en una unidad bajo Él como Rey. Es el momento designado para que Él tenga compasión de su pueblo. Él está listo para formarnos en un Templo hecho de "Piedras vivas" (2 Pedro 2:5). Cuando todos entramos en nuestros sitios, Él puede hacer algo que el mundo nunca ha visto. Derramará su Gloria en este nuevo "Templo hecho sin manos" que ha sido formado por Dios. Ofreceremos sacrificios que son muy aceptables para Dios y Él responderá derramando Su Presencia. El mundo va a ver algo que nunca ha visto antes.

El Propósito de Dios

"Por cuanto Jehová habrá edificado a Sion, y en Su Gloria será visto" (versículo 16). Dios está formando este Templo para que Él more en **Su propio propósito.** No es sólo para agradarnos. El versículo 17 nos dice POR QUÉ ÉL LO ESTÁ HACIENDO. Es porque "Habrá considerado la oración de los desvalidos, y no habrá desechado el ruego de ellos". Dios desea tener un pueblo, muchas personas y muchos ministerios que se unan a Él con el propósito de SATISFACER LAS NECESIDADES DE LOS DESVALIDOS.

Isaías 58: 6-8 nos dice que Él no está contento con toda nuestra actividad religiosa. Dios nos dice la clase de ayuno que Él desea, Él dice: "**6** ¿No es más bien el ayuno que yo escogí, desatar las ligaduras de impiedad, soltar las cargas de opresión, y dejar ir libres a los quebrantados, y que rompáis todo yugo? **7** ¿No es que partas tu pan con el hambriento, y a los pobres errantes albergues en casa; que cuando veas al desnudo, lo cubras, y no te escondas de tu hermano?

8 Entonces nacerá tu luz como el alba, y tu salvación se dejará ver pronto; e irá tu justicia delante de ti, y la gloria de Jehová será tu retaguardia. Isaías 58:6-8

El esplendor del Señor en Su pueblo viene cuando fluimos junto con Él **demostrando** Su Amor, Su Provisión y Su Gloria a aquellos que lo necesitan.

REVISIÓN: HABITANDO JUNTOS EN ARMONÍA

1. ¿Qué bendición Dios manda sobre aquellos que habitan juntos en armonía?

a. Aumento financiero

b. Unción y vida para siempre

c. Mayor provisión

d. Ser una luz en la obscuridad

2. Las personas que no son fáciles de amar pueden ser nuestra mayor bendición.

a. Verdadero

b. Falso

3. En el Salmo 133, la Escritura compara la unidad con:

a. El refrescante rocío de la mañana

b. El rocío sobre las colinas

c. Una dulce fragancia

d. Todo lo anterior

4. Incluso los hombres se vuelven tiernos el uno con el otro cuando toman la semejanza de Cristo.

a. Verdadero

b. Falso

5. La Palabra de Dios deja claro que nunca debe haber ofensas.

a. Verdadero

b. Falso

6. ¿Por qué razón nos ofendemos?

a. Cuando la Palabra de Dios nos ofende

b. Cuando estamos dependiendo de nuestra propia habilidad

c. Cuando no somos reconocidos y apreciados

d. Todo lo anterior

7. Podemos ser justamente ofendidos.

a. Verdadero

b. Falso

8. Debemos tener cuidado de no ofender a la gente y mantener nuestra conciencia clara.

a. Verdadero

b. Falso

9. No es tan importante cómo decimos algo, siempre y cuando sea la verdad.

a. Verdadero

b. Falso

10. Si nos importa lo suficiente nuestro hermano, desearemos "sazonar" la verdad para hacerla apetecible para ellos.

a. Verdadero

b. Falso

11. Protejamos la UNIDAD porque la bendición ordenada por Dios depende de ella.

a. Verdadero

b. Falso

. . .

12. Una amistad desarrollada con lazos de alma resultará en una profunda comunión.

a. Verdadero

b. Falso

13. Las relaciones carnales se describen como:

a. Humanas, carnales y terrenales

b. Basadas en gustos y disgustos similares

c. Basadas en "mis necesidades"

d. Todo lo anterior

14. La comunión en las relaciones nos lleva a:

a. Construir y edificar

b. Servir y honrarnos unos a otros

c. Confrontar sin compromiso

d. Todo lo anterior

15. Cuando hemos estado caminando en comunión con alguien por un tiempo y una persona permite que un pecado en su vida u ofensa esté en su corazón podemos sentir la diferencia inmediatamente.

a. Verdadero

b. Falso

16. El esplendor del Señor en Su pueblo viene cuando fluimos junto con Él para demostrar Su Amor, Su Provisión y Su Gloria a aquellos que lo necesitan.

a. Verdadero

b. Falso

CAPÍTULO 23

AUTORIDAD DEL REINO

Principios de la Autoridad del Reino
El que es el mayor de vosotros, sea vuestro Siervo

La Rev. Agnes I. Numer fue una sierva de Dios, ordenada por Él, enviada por Él, utilizada por Él, ungida por Él y provista por Su propia mano sin fallar durante más de 50 años. Él la escogió y habló a través de ella. La entrenó en la parte trasera del desierto durante muchos años para escuchar su voz, quitar la basura de su vida y levantarla como un general en Su ejército.

Cuando le reveló Isaías 58, le dijo: "Este es mi plan para mi iglesia para el fin de los tiempos" y "aunque la visión se tarde, espérala". Ella tenía un plan; era el plan del Señor. Dios se lo dio. Cuando nadie más estaba alimentando a los hambrientos, ella comenzó. Cuando todavía era impopular para la iglesia enseñar sobre agricultura, salud, microempresas, nutrición y varias otras cosas, la reverenda Agnes I. Numer estaba viajando por las naciones y dándoles "El Evangelio del Reino" en demostración.

Ella sirvió a los desatendidos, amó a los aborrecidos, tocó a los intocables, y alcanzó a los inalcanzables. Dios la usó para aconsejar a los líderes nacionales y a los pobres por igual. Ella les dio lo que Dios le dio. Cuando acudíamos a ella en busca de consejo, no estábamos yendo hacia una 'mujer', estábamos yendo a la fuente de sabiduría, instrucción y autoridad que Dios derramó a través de ella. Sabíamos que Dios le daría las "palabras de vida" que necesitábamos (Juan 6:68).

Agnes ministró por el Espíritu del Señor; por el Espíritu de Sabiduría, el Espíritu de Comprensión, el Espíritu de Consejo, el Espíritu de Poder, el Espíritu de Conocimiento, el Espíritu del Temor del Señor y el Espíritu del Señor. No ministró su propia sabiduría y lo que ella entendía, o por su propia fuerza. Ella no nos dio su consejo y conocimiento. Ella nos enseñó a temer al Señor y a movernos por su Espíritu.

"Y reposará sobre él el Espíritu de Jehová; espíritu de sabiduría y de inteligencia, espíritu de consejo y de poder, espíritu de conocimiento y de temor de Jehová". Isaías 11:2

Agnes nos sirvió fielmente todo lo que Dios puso en su plato de servicio. Vino directamente de Su cocina a nosotros y ella fue Su sierva haciendo con gozo Su voluntad. (Efesios 6:6)

El Flujo de Autoridad

¿Qué le dio el derecho, la capacidad y el poder de hacer estas cosas? ¿Dónde aprendió esto? El derecho vino de Dios, el poder vino de Él y también su habilidad. Agnes nació pesando sólo 2 libras 4 onzas, un bebé prematuro, muchos años antes de las incubadoras. Dios le dio vida y la sostuvo.

A través de la Gran Depresión, cuanto muchos sufrían de hambre, Dios la sostuvo. Dios la llamó con sólo 16 años de edad y le dijo que entrenó a Moisés 40 años en la corte del Faraón y 40 años más en la parte trasera del desierto. Agnes respondió a Dios: "¿80 años, Señor? ¡Si se requieren 80 años, entonces 80 años serán! Murió 5 veces durante sus 95 años y Dios la levantó de nuevo y le devolvió su vida porque Su propósito para ella no había terminado.

Toda autoridad viene de arriba. Es dada por Dios. Los jueces son ordenados por Dios y deben responder a Él. Los líderes están sujetos a Él. Nabucodonosor, posiblemente la ciudad más grande alguna vez construida, tuvo que confesar que hay un Dios en el Cielo que GOBIERNA SOBRE TODOS y da autoridad a quien Él desee.

Cuando el Señor levanta a alguien, le obsequia Su gracia y favor. Lo entrena para que siga Su Voluntad y él cumple Su propósito.

Vino de debajo del Trono de Dios

Hay una autoridad que fluye del trono de Dios que es encontrada por aquellos que se arrodillan ante ese trono y escuchan lo que Él está diciendo. A los que Él elige, Él da poder. Él los envía y ellos van por Él. Este es su Reino.

Hay tan poca gente que entiende el protocolo de un rey hoy. Sólo unas pocas personas tenían la oportunidad de acercarse a él, y sólo aquellos que primero aprendieron los caminos del palacio. Cada persona que vino antes del rey era instruida en el decoro apropiado del reino. Había una manera correcta de dirigirse al rey y a sus asistentes. Por ejemplo: Si la reina Ester no hubiera sido aceptada por el cetro, habría muerto porque no fue invitada. Otro ejemplo:

las leyes de los Medes y persas no podían ser cambiadas ni siquiera por el propio rey.

También tenemos que aprender a "acercarnos" a nuestro Rey. Irrespetamos tan fácilmente a nuestro rey bondadoso y amoroso que ha abierto el camino para que entremos en Su salón del trono. Tenemos un cetro continúo extendido a nosotros. Tenemos una invitación abierta. Vamos a acercarnos... y escuchar... y aprender a obedecer. Aprendamos los caminos del "Palacio" y sepamos acercarnos a nuestro querido, amoroso y SANTO Dios. Él comparte sus secretos con aquellos que tienen un corazón para recibir, un corazón para creer y la voluntad para obedecer.

Los más cercanos a Él

Jesús escogió y discípulo a 12 hombres. Tenía los 70, los 120 y las multitudes que le siguieron, pero incluso de los 12 había 3 o 4 que estaban "más cerca de Él". Estos fueron los que lo vieron transfigurado y que fueron invitados a orar con Él en el jardín en su hora más difícil. Sus discípulos más cercanos entonces, no es de extrañar, se convirtieron en los pilares de la iglesia. Conocían su corazón. Se recostaron sobre su pecho en la cena. Hablaron con Él en el camino. Vieron los milagros y Él les explicó las parábolas solamente a ellos.

El flujo de autoridad en el Reino de Dios viene del trono de Dios a aquellos que están más cerca de Él. Dios escoge a los más cercanos a Él y los envía. Cuando nos unimos a aquellos a quienes Él ha enviado y escuchamos Su corazón en ellos, también podemos entrar en el flujo de Su Espíritu con ellos. Cuando escuchamos las palabras de la verdad que ellos dan y unimos nuestras manos con las de ellos para hacer LA VOLUNTAD DE DIOS, nos encontraremos en un río que fluye del Trono de Dios.

En Ezequiel 47, los ríos que fluían hacia el desierto se hicieron más profundos a medida que Ezequiel se acercaba al desierto y los mares de las personas que necesitaban ser sanadas. "Ríos para nadar" fluyen a través de los más cercanos a Su trono, que han escuchado Su corazón y se están moviendo de allí mil codos y otros mil codos; alcanzan el desierto donde viven los sedientos y los necesitados. Muchos han pasado por alto esta llave y sólo quieren permanecer cerca del trono. Pueden volverse rápidamente rancios e ineficaces porque el plan de Dios es enviarnos desde el Salón del Trono.

Hágase Tu Voluntad

Mateo 21:28, Marcos 11:21, Lucas 20:1 Los principales sacerdotes, los escribas y los ancianos vinieron a Jesús con una pregunta. Estos líderes representaban la autoridad de los Sanedrín para interrogar a los profetas y a los 'jueces en todos los asuntos legales' y habían venido a hacer una pregunta. "Con qué autoridad..." y "¿quién le dio esta autoridad para hacer estas cosas?" Jesús les hizo una pregunta que no querían responder y les dijo: "Tampoco yo os digo con qué autoridad hago estas cosas." Recuerda, Jesús acababa de limpiar el templo (¿Quién tiene derecho a hacerlo?) y maldijo la higuera (¿quién tiene el poder para hacer eso?).

La pregunta que Jesús hizo fue acerca de Juan, pero también es la respuesta a su pregunta sobre la autoridad. "El bautismo de Juan", preguntó Jesús, "¿Juan y sus padres lo inventaron, o Dios se lo dio a él?" El bautismo de Juan era algo nuevo; nadie jamás había practicado el bautismo en un río en público, este tipo de predicación del arrepentimiento no había sido escuchado antes tampoco, ¿de dónde vino? Juan nunca había pedido permiso a las "autoridades" para predicar, así que ¿dónde consiguió el derecho, la habilidad y permiso para hacerlo? Juan creció en el desierto, no en el seminario. ¿de dónde aprendió estas cosas? **Lucas 3:1-6** nos dice que **su palabra vino de Dios** tal como Isaías había profetizado. Así que, su derecho, su habilidad, su poder y su mensaje vinieron todos de Dios; y así él tenía **la autoridad de Dios** para hacerlo. Dios lo eligió, Dios lo separó, Dios lo entrenó, puso Sus palabras en su boca y luego Dios lo envió para predicar y bautizar para preparar el camino para la venida de Jesús.

Luego, Jesús cuenta una parábola de los dos hijos a quienes su padre pidió trabajar en la viña. Uno dijo que lo haría y no lo hizo (los sacerdotes) y uno se negó, pero al final lo hizo (publicanos y rameras). La pregunta que hizo apunta a la respuesta, "¿cuál hizo la voluntad de su padre?" La respuesta es obvia, "el que hizo la voluntad de su padre es el que hizo la voluntad de su padre". Pero el punto es que cualquier recurso que el hijo necesitara para llevar a cabo esa tarea estaba a su disposición, hasta todo lo que el padre tenía en su poder. Cualquier herramienta o mano de obra que necesitara era suya. Ese hijo también tenía la autoridad para dirigir a los siervos según lo requerido para hacer el trabajo. No tenía que hacerlo solo ni con su propia fuerza. Tenía la autoridad para mandar todo lo que había en la casa de su padre para lograr lo que su padre quería. Esta es una clave para la autoridad del Reino. Su padre le pidió que lo hiciera.

La autoridad se encuentra cuando obedientemente haces la voluntad del Padre como fiel mayordomo de todo lo que Él ha dado. Para lo que Él quiera que hagas, Él te dará la habilidad, el permiso y la provisión para hacerlo. Él abrirá todas las puertas de favor que se necesiten.

Entender Su Corazón

No podemos hacer Su voluntad a menos que entendamos Su corazón. Cuando obedecemos en lo poco, Él nos da cosas más grandes que hacer. Nos revela un poco de los deseos de Su corazón y comenzamos a movernos con "lo que tenemos en nuestras manos" y luego Él nos muestra más de lo que está en Su CORAZÓN.

Saul estaba acostumbrado a dar órdenes y poner su propia dirección hasta que se encontró con Jesús en el camino a Damasco. **Hechos 9:6** "El, temblando y temeroso, dijo: **Señor, ¿qué quieres que yo haga?** Y el Señor le dijo: Levántate y entra en la ciudad, y **se te dirá lo que debes hacer."** Oyó el corazón de Jesús llamando: "**¿Por qué me persigues?". Pablo no conocía el corazón de Dios, pero cuando lo descubrió fue un hombre cambiado.** El resto de la vida de Pablo se dedicó a que se le dijera "lo que debía de hacer". Esta es nuestra vida también si alguna vez queremos ser utilizados por Dios de la manera en que Pablo lo fue; escuchar el llamado de Dios y hacer Su voluntad.

El corazón de Dios está clamando tener un pueblo que lo ame, busque Su rostro, conozca Su corazón y haga Su voluntad. Él desea sanar a las naciones y dar descanso al cansado. Anhela que los hombres se reconcilien con Él. ¿Nos acercaremos lo suficiente para oír y sentir SU CORAZÓN?

Traer Su Reino a la Tierra y Edificar las ruinas antiguas (Isaías 58: 12-14)

El enemigo viene a robar, matar y destruir, mas Jesús vino a darnos vida en abundancia. Esa vida abundante en nosotros comienza "a hacer toda cosa nueva". Los lugares que se han estropeado espiritual y naturalmente durante generaciones serán edificados a través de personas llenas de Su Espíritu y Su Reino. Él sabe cómo tomar lugares maltrechos y convertirlos en un jardín fructífero.

"Ciertamente consolará Jehová a Sion; consolará todas sus soledades, y cambiará su desierto en paraíso, y su soledad en huerto de Jehová; se hallará en ella alegría y gozo, alabanza y voces de canto". Isaías 51:3

Cuando hemos ido a zonas de gran necesidad, y limpiamos y reparamos mediante actos naturales de demostrar el amor de Dios, hemos experimentado muchas veces que Dios trajo la libertad en los reinos espirituales. En el Antiguo Testamento, cuando Dios fue honrado y obedecido por su pueblo Israel, fueron bendecidos y comenzaron a desarrollar ciudades asombrosas, jardines, música y arte.

Levantar los cimientos de muchas generaciones

Las personas, las familias y las comunidades están quebrantadas hasta sus cimientos. Por lo general, hay una larga historia de eventos traumáticos que han roto el tejido de su sociedad. A menudo, llevan una identidad de víctimas y no de vencedores. Estos cimientos de vidas y comunidades pueden ser levantados nuevamente a través del pueblo de Dios. Pueden volver a tener una fundación firme y una nueva identidad sobre la que construir basada en el perdón, la reconciliación y la restauración.

Reparar los portillos

Los portillos son huecos rotos en un muro de piedra que permiten el libre acceso a los predadores y enemigos. A veces los llamamos "puertas abiertas para el enemigo". Si la gente cree mentiras serán blancos fáciles. Salmo 91:4 "Escudo y adarga es su verdad" (ambos se utilizan como protección contra el enemigo). Cuando a las personas les faltan principios del Reino de Dios, tienen portillos. ¿Podemos dejar que Jesús llene esos vacíos en nosotros con la verdad para que la gente pueda estar en libertad?

Restaurar calzadas para habitar

Una calzada se crea con los pasos de muchos pies que recorren frecuentemente un lugar. Son los hábitos de un pueblo; la vida cotidiana, donde viven y cómo viven todos los días. Para mucha gente, hubo una vez una calzada que recorrieron sus ancestros, pero perdieron su camino, como muchos de nuestros queridos nativos americanos. Para otras personas, es difícil vivir sin suficiente comida, agua o recursos. En Nigeria, la caminata de 3 millas que muchas personas hacen cada mañana al río lodoso para recoger agua, formó una calzada. Mas el pozo comercial que este día sirve a más de 10,000 personas a recortado la calzada y el agua ya no las enferma. Ahora saben que hay un Dios en el cielo que se preocupa por ellas.

Restaurar a personas, familias, aldeas y comunidades quebrantadas está cerca del corazón del Dios Padre. La mala salud y nutrición acortan el camino de la vida de una madre, lo que provocará que sus hijos tendrán que criarse a sí mismos. Para que la gente viva y prospere, Jesús quiere traerles agricultura, saneamiento, agua limpia, salud e higiene, pequeñas empresas, educación y desarrollo comunitario.

Salmo 16:11 "Me mostrarás la senda de la vida; En tu presencia hay plenitud de gozo; Delicias a tu diestra para siempre".

"Confortará mi alma; Me guiará por sendas de justicia por amor de su nombre". Salmo 23:3

Dios quiere un pueblo que pueda vivir en Su presencia y camine en Sus caminos de rectitud y lleve Su Reino a "todas las tribus, pueblos y lenguas".

Cabalgar sobre los Lugares Altos de la Tierra

"Entonces te deleitarás en Jehová; y yo te haré subir sobre las alturas de la tierra, y te daré a comer la heredad de Jacob tu padre; porque la boca de Jehová lo ha hablado". Isaías 58:14 (Deuteronomio 32:13)

Este es un término militar que se refiere al honor dado a un líder que ha vencido y sometido incluso a las fortalezas de la resistencia en los lugares altos. Dios dijo que "nos haría montar", lo que implica que también nos hará ganar la victoria, tomar la tierra, obtener la orden y vivir a salvo. Es un lugar de honor y autoridad que nos da Dios mismo que viene después de que se ganan muchas batallas. Dios está levantando "generales" en Su ejército en la Tierra; personas, a quienes ha procesado, forjado y quienes han sido obedientes, fieles siervos-lideres.

"El Señor omnipotente es mi fuerza; [mi valentía personal y ejercito invencible]; da a mis pies la ligereza de una gacela y me hace caminar [no para permanecer inmóvil en el terror, sino para caminar] y hacer progreso [espiritual] por las alturas [de problemas, sufrimiento, o responsabilidad]!". Habacuc 3:19 (NVI) (2 Samuel 22:34, Salmo 18:33)

Él está llamando a las personas que han aprendido a caminar en sus caminos y a vencer al maligno. Hijos maduros que han aprendido a trabajar juntos con su Padre y pueden llevar la responsabilidad. No tienen miedo de problemas o sufrimiento y son capaces de caminar tan seguros como un ciervo en lugares altos. Sus pies son guiados por Su voz; sus corazones están fijos en Él.

El Señor mismo es su valentía. Él mismo es su ejército invencible. Ellos han vencido por Él. No se quedan en el terror sin hacer nada, pero caminan con confianza guiados por Él. Cuando la tormenta está alrededor, han aprendido a mantener sus ojos fijos en Jesús y no se hundirán. No buscan hacer su propia voluntad o ser notados por el hombre. Viven para agradar a su Padre y construir su Reino. Ellos se montan en las victorias que han sido ganadas por la fuerza y la gloria de su Rey.

Alimentarnos de la Herencia Prometida a Jacob

Dios le prometió a Jacob que las naciones se inclinarían ante Él. **Genesis 27:28-29, Genesis 28:**

14-15 "Dios, pues, te dé del rocío del cielo, y de las grosuras de la tierra, y abundancia de trigo y de mosto. Sírvante pueblos, **y naciones se inclinen a ti**; sé señor de tus hermanos, y se inclinen ante ti los hijos de tu madre. Malditos los que te maldijeren, y benditos los que te bendijeren. Será tu descendencia como el polvo de la tierra, y te extenderás al occidente, al oriente, al norte y al sur; **y todas las familias de la tierra serán benditas en ti y en tu simiente.** He aquí, yo estoy contigo, y te guardaré por dondequiera que fueres, y volveré a traerte a esta tierra; porque no te dejaré hasta que haya hecho lo que te he dicho".

Muchas de las promesas que Dios le dio a Jacob se cumplen por medio de Jesús, su "simiente".

Dios prometió a Su Hijo, Jesús, que sería establecido como Rey entre un pueblo santo de toda tribu, lengua y nación. Ellos serán Su posesión, Su novia y Su herencia. Ellos traerán gloria a Su Padre. A través de ellos, Él llevara a cabo la victoria final sobre el pecado y satanás y la muerte.

"Pero yo he puesto mi rey sobre Sion, mi santo monte. 7 Yo publicaré el decreto;

Jehová me ha dicho: Mi hijo eres tú; Yo te engendré hoy. 8 Pídeme, y te daré por herencia las naciones, y como posesión tuya los confines de la tierra". Salmo 2:6

Dios promete a Su Hijo que sería establecido como Rey entre Su Santo Pueblo (Sión) y que se le daría gente de toda tribu, lengua y nación por Su herencia. (Apo. 7:9) y que Sus enemigos se convertirían en Su estrado. (Salmos 110:1)

También es Su promesa a aquellos de nosotros que estamos "con Él".

"Pelearán contra el Cordero, y el Cordero los vencerá, porque él es Señor de señores y Rey de reyes; y los que están con él son llamados y elegidos y fieles". Apocalipsis 17:14

También es nuestro derecho pedir las llaves espirituales que abren las naciones de personas que serán añadidas a la herencia de nuestro Rey Jesús.

No estamos recolectando tierras, edificios, negocios y riqueza. Señor, perdónanos por construir nuestros **propios** ministerios internacionales. Señor, cambia nuestros motivos y nuestra comprensión. Estamos reuniendo a personas de cada tribu, lengua y gente para ser Su herencia.

Estamos viendo fortalezas rotas sobre almas no alcanzadas para que puedan llegar a conocer a nuestro precioso Señor. Estamos demostrando quién es Él y, al hacerlo, vendrán a Él. Ellos serán Su novia, Su herencia, Su cuerpo, Su Reino. Este es el cumplimiento de la promesa de su Padre; y llegamos a estar "con Él" en el gran final. **¡Señor, te pedimos NACIONES!**

El Gran Final

Las cortinas del acto final de toda la historia no pueden abrirse hasta que el Evangelio del Reino sea predicado en todo el mundo y el pueblo sea testigo de algo de primera mano. ¿Qué ven? Ven el Amor y la provisión y el poder de Dios Todopoderoso a través de su pueblo fluyendo juntos. Dios va a tener un cuerpo a través del cual Él va a mostrar a este mundo quien es. Van a demostrar al mundo quién es realmente. Muchos se volverán a Él cuando lo vean a Él en Nosotros.

"Y será predicado este evangelio del reino en todo el mundo, para **testimonio** a todas las naciones; y entonces vendrá el fin". Mateo 24:14

¿Qué testificarán las naciones que volverán sus corazones hacia Él? Verán a Cristo en nosotros. Nosotros, que estamos unidos, fluyendo juntos y demostrando un Reino bajo el Rey Más Excelente. Nosotros que estamos levantando el nombre de Jesús.

Será demostrado en las cosas naturales y espirituales

En el ámbito natural, creemos que Dios dará a Su pueblo soluciones a los principales problemas mundiales que nadie más podría resolver; técnicas de agricultura para la escasez de alimentos debido a plagas y cambios en el clima, así como avances médicos en la medicina natural. Habrá muchos ministerios de ayuda de fin de los tiempos que serán levantados para responder a todos los terremotos, guerras, plagas y otros desastres que se profetizan. También habrá muchos ministerios que están "edificando ruinas antiguas, reparando portillos y restaurando calzadas para habitar". Su provisión será asombrosa a través de su gente para aquellos que lo necesitan. El Diablo está ocupado estableciendo planes para la muerte, la devastación y la destrucción, pero Dios está trabajando a través de nosotros para hacer cosas gloriosas. Él llevará Gloria a sí mismo a través de NOSOTROS. Espiritualmente, habrá una enorme oscuridad sobre la gente, pero habrá muchos milagros y poderosas manifestaciones en la Tierra a través de nosotros. Hablaremos Sus palabras y Él traerá demostraciones milagrosas. A su orden profetizaremos y Él traerá las señales que seguirán.

"Y daré prodigios arriba en el cielo, y señales abajo en la tierra, sangre y fuego y vapor de humo; **20** El sol se convertirá en tinieblas, y la luna en sangre, antes que venga el día del Señor, grande y manifiesto;" Hechos 2:19-21

Puede que no sean los grandes ministerios los que sean más eficaces, sino que muchas personas regulares y desconocidas que se rinden a Él se levantarán y comenzarán a brillar. En América, Dios utilizará especialmente a los jóvenes, a los nativos americanos y a los que vienen de las "carreteras y los setos" para traer la cosecha. Muchos de los que han sido entrenados en el desierto florecerán para que todos lo vean. Él será glorificado.

Los reyes de la tierra se ríen de nosotros ahora. Creen que somos débiles e ineficaces, y puede ser que tengan una buena razón en este momento. Pero en ese día, Él tendrá la última carcajada. (Salmo 2:4-6). En ese día Él pondrá a Su Rey sobre Su Monte Santo de Sion (Su Pueblo). Daniel vio un día en el capítulo 7 en el que "los separados" pertenecientes al Dios Altísimo tomarían y poseerían del Reino y todo los dominios y autoridad servirán y obedecerán a Jesús.

"y que el **reino**, y el dominio y la majestad de los **reinos** debajo de todo el cielo, sea dado al pueblo de los santos del Altísimo, cuyo **reino** es **reino** eterno, y todos los dominios le servirán y obedecerán". Daniel 2:27

Podemos esperar que los acontecimientos en este mundo se vuelvan cada vez más turbulentos, pero podemos estar seguros de que **Dios tiene un plan** que **nos hará** "cabalgar sobre los lugares altos de la Tierra **con Él** y **Él nos alimentará** con la herencia de Jacob nuestro padre:" Isaías 58:14

Pediremos su Conocimiento en estas cosas. Decimos: "Sí, así sea Señor Jesús. ¡Hazlo en nuestra generación!"

PORQUE LA BOCA DE JEHOVÁ HA HABLADO

REVISIÓN: AUTORIDAD DEL REINO

1. ¿Qué alternativa describe mejor a alguien que es grande en el Reino de Dios?

a. Está guiando a mucha gente

b. Es siervo de todos

c. Es de los oradores más excelentes

d. Todo lo anterior

2. Cuantos años entrenó Dios a Moisés?

a. 20

b. 40

c. 60

d. 80

3. Dios es el que da autoridad a quien Él desee.

a. Verdadero

b. Falso

4. A Dios le encanta que aprendamos los caminos de Su "Palacio" y saber cómo acercarnos a nuestro querido, amoroso y SANTO Dios.

a. Verdadero

b. Falso

5. El flujo de autoridad en el Reino de Dios viene Desde el trono de Dios a los más cercanos a Él.

a. Verdadero

b. Falso

6. En Ezequiel 47, el río se volvió poco profundo una vez que fluyó hacia el desierto.

a. Verdadero

b. Falso

7. El mayor flujo del Espíritu de Dios se encuentra cerca de Su trono.

a. Verdadero

b. Falso

8. La autoridad de Juan el Bautista tuvo su origen en:

a. Ser hijo de un sacerdote del templo

b. El Sanedrín

c. El entrenamiento Rabínico

d. Que Dios lo escogió y lo separó

9. Se nos puede permitir hacer cosas mayores por Dios:

a. Haciendo obedientemente la voluntad del Padre

b. Haciendo fielmente lo que sabemos con lo que tenemos disponible

c. Conociendo y moviéndonos con Su corazón

d. Todo lo anterior

10. En el Antiguo Testamento, cuando Dios fue honrado y obedecido por Su pueblo Israel, fueron bendecidos y comenzaron a desarrollar increíbles ciudades, jardines, música y arte.

a. Verdadero

b. Falso

11. El Reino de Dios incluye la agricultura, el saneamiento, el agua potable, la salud e higiene, los pequeños negocios, la

educación y el desarrollo comunitario.

a. Verdadero

b. Falso

12. Cabalgar sobre los lugares altos de la Tierra es un término militar que implica:

a. Que Dios dio la victoria a los fieles y obedientes líderes servidores

b. Un lugar de honor dado a aquellos que han sometido incluso a las fortalezas

c. Un lugar de autoridad que viene después de que se ganan muchas batallas d. Todo lo anterior

13. ¿Qué describe mejor a los Hijos Maduros del Padre?

a. Han aprendido a trabajar juntos con su Padre y pueden llevar la responsabilidad

b. No tienen miedo de los problemas o sufrimiento

c. Sus pies son guiados por Su voz; sus corazones están fijos en Él

d. Todo lo anterior

14. Tenemos el derecho de pedir las llaves espirituales para abrir las naciones de gente que será añadida a la herencia de nuestro Rey Jesús.

a. Verdadero

b. Falso

15. En la Tierra, habrá una enorme oscuridad espiritual sobre la gente, pero habrá muchos milagros y poderosas demostraciones a través de los fieles de Dios.

a. Verdadero

b. Falso

RESPUESTAS: ISAÍAS 58

Isaías 58

1. b 2. b 3. c 4. a 5. b 6. b 7. c 8. a 9. d 10. b 11. b 12. b 13. c 14. a 15. c

Ser Entrenados por el Espíritu

1. c 2. a 3. a 4. d 5. b 6. d 7. c 8. b 9. b 10. b

Lo Natural y lo Espiritual Fluyen juntos

1. c 2. b 3. d 4. a 5. b 6. c 7. a 8. a 9. b 10. a 11. a 12. a 13. a 14. a 15. b

. . .

El Flujo del Espíritu de Dios

1. b 2. a 3. b 4. a 5. a 6. a 7. b 8. c 9. b 10. b 11. a 12. a 13. b 14. a 15. a

Ministrando por el Espíritu del Señor

1. a 2. b 3. a 4. a 5. a 6. b 7. a 8. b 9. a 10. a

Cristo en Ti, la Esperanza de Gloria

1. b 2. a 3. d 4. b 5. b 6. b 7. c 8. c 9. b 10. b

El Amor de Dios Demostrado

1. c 2. b 3. a 4. c 5. d 6. a 7. b 8. b 9. d 10. b 11. b 12. a 13. a 14. a 15. b

Habitando Juntos en Armonía

1. b 2. a 3. d 4. a 5. b 6. d 7. a 8. a 9. b 10. a 11. a 12. b 13. d 14. d 15. a 16. a

. . .

Autoridad del Reino

1. b 2. d 3. a 4. a 5. a 6. b 7. b 8. d 9. d 10. a 11. a 12. d 13. d 14. a 15. a

Ezekiel's Wheel

The Making of a Man of God

CAPÍTULO 24

LA RUEDA DE EZEQUIEL – LA CREACIÓN DE UN HOMBRE DE DIOS

La difunta fundadora de ALL Nations International, la Reverenda Agnes I. Numer, a menudo enseñó sobre la visión de la Rueda de Ezequiel. Esta visión es una hermosa descripción y revelación **acerca de cómo moverse con Dios**. Tomó muchas sesiones antes de que finalmente yo entendiera y tuviera una revelación personal de este increíble concepto.

Así comenzó mi estudio sobre los cuatro evangelios, buscando todos los atributos necesarios para funcionar como un siervo, un buey, un hijo, un águila, un hermano, un hombre y como una persona viviendo con la revelación de nuestra herencia dada por Dios como el León de la tribu de Judá.

La Visión de la Rueda de Ezequiel ejemplifica el llamado a moverse con el Espíritu del Señor para llevar a cabo Su plan y propósito en la tierra.

En este estudio, compararemos cada cara de la rueda de Ezequiel - el León, el Buey, el Águila y el Hombre - en los cuatro Evangelios. Aunque el carácter de Jesús tiene muchas más de cuatro facetas, nos enfocaremos en las cuatro que se encuentran en los capítulos 1, 2 y 3 de Ezequiel.

¿Qué tipo de vidas vivimos? ¿Vivimos como Hijos de Dios (el Águila), como Siervos de Dios (el Buey), o como Hermanos de Jesús (el Hombre)? ¿Sabemos quiénes somos y que podemos vivir de acuerdo con nuestra herencia dada por Dios del León de la tribu de Judá?

Al usar este estudio, espero te sientas propulsado a permitir que Dios elimine aquellos problemas que te impiden entrar en Su plenitud y agregar lo que te falta, para que por Su Espíritu **puedas escuchar, ver y responder al movimiento de la rueda de Ezequiel.** Y juntos puedas fluir con Él plenamente y ver venir Su Reino.

Por favor, disfruta del estudio y abre tu corazón para experimentar el increíble viaje de moverse con Dios en la Rueda de Ezequiel.

Ezequiel 1:12 "Cada uno caminaba derecho hacia adelante; hacia donde el espíritu les movía que anduviesen, andaban; y cuando andaban, no se volvían".

Annella Whitehead

CAPÍTULO 25

LA REVELACIÓN DE JESUCRISTO

Oración

Padre, te damos las gracias por la revelación de Jesucristo. Te damos las gracias, Señor, que vienes de nuevo muy pronto. Señor, tienes mucho que darnos. Tienes mucho que compartir con nosotros. Mediante impartición, deja caer en nuestros corazones la visión para que podemos correr por el Espíritu del Dios viviente. Gracias, Señor, por lo que tienes para nosotros por Tu Espíritu y en Tu Nombre. Dios Poderoso, te damos gracias y te pedimos ahora, Señor, que te reveles a nosotros para que podamos levantarnos y avanzar, llevando a cabo el propósito por el que nos has dado esta revelación – que el Señor Jesucristo se levantará en nosotros, y nos mandará por el Espíritu de Dios. Envíanos por la plenitud del Padre en la plenitud de los tiempos, hasta los confines de la tierra, para que podamos ver y contemplar la gloria del Señor. Gracias, Jesús. Te alabamos por esto. En Su maravilloso Nombre lo pedimos. Amén.

I. La Revelación de Jesucristo en Nosotros

El Señor me ha estado hablando acerca de Ezequiel. Si quieres una revelación de Jesucristo, abre tu corazón para recibirla como el Señor te la da en Ezequiel 1.

Una vez justo antes de mudarme a esta casa, el Señor me hizo leer Ezequiel 1, 2, y 3. Este fue mi campo de entrenamiento. Muy poderosa era la Palabra del Señor y cambió mi vida. La cambió mucho a través de estos capítulos. Ezequiel 1 es la Revelación de Jesucristo. Es Jesucristo en nosotros, en todo Su poder y en toda Su gloria. Este capítulo cuenta toda su historia – cuando fue al cielo y cuando estuvo en la tierra. Es muy maravilloso. Lo compartiré con ustedes a través de Su Palabra.

Ezequiel 1 (RVR 1960)

"**1** Aconteció en el año treinta, en el mes cuarto, a los cinco días del mes, que estando yo en medio de los cautivos junto al río Quebar, los cielos se abrieron, y vi visiones de Dios. **2** En el quinto año de la deportación del rey Joaquín, a los cinco días del mes, **3** vino palabra de Jehová al sacerdote Ezequiel hijo de Buzi, en la tierra de los caldeos, junto al río Quebar; vino allí sobre él la mano de Jehová. **4** Y miré, y he aquí venía del norte un viento tempestuoso, y una gran nube, con un fuego envolvente, y alrededor de él un resplandor, y en medio del fuego algo que parecía como bronce refulgente,

5 y en medio de ella la figura de cuatro seres vivientes. Y esta era su apariencia: había en ellos semejanza de hombre. **6** Cada uno tenía cuatro caras y cuatro alas. **7** Y los pies de ellos eran derechos, y la planta de sus pies como planta de pie de becerro; y centelleaban a manera de bronce muy bruñido. **8** Debajo de sus alas, a sus cuatro lados, tenían manos de hombre; y sus caras y sus alas por los cuatro lados. **9** Con las alas se juntaban el uno al otro. No se volvían cuando andaban, sino que cada uno caminaba derecho hacia adelante. **10** Y el aspecto de sus caras era cara de hombre, y cara de león al lado derecho de los cuatro, y cara de buey a la izquierda en los cuatro; asimismo había en los cuatro cara de águila. **11** Así eran sus caras. Y tenían sus alas extendidas por encima, cada uno dos, las cuales se juntaban; y las otras dos cubrían sus cuerpos.

12 Y cada uno caminaba derecho hacia adelante; hacia donde el espíritu les movía que anduviesen, andaban; y cuando andaban, no se volvían. **13** Cuanto a la semejanza de los seres vivientes, su aspecto era como de carbones de fuego encendidos, como visión de hachones encendidos que andaba entre los seres vivientes; y el fuego resplandecía, y del fuego salían relámpagos. **14** Y los seres vivientes corrían y volvían a semejanza de relámpagos. **15** Mientras yo miraba los seres vivientes, he aquí una rueda sobre la tierra junto a los seres vivientes, a los cuatro lados.

16 El aspecto de las ruedas y su obra era semejante al color del crisólito. Y las cuatro tenían una misma semejanza; su apariencia y su obra eran como rueda en medio de rueda. **17** Cuando andaban, se movían hacia sus cuatro costados; no se volvían cuando andaban. **18** Y sus aros eran altos y espantosos, y llenos de ojos alrededor en las cuatro. **19** Y cuando los seres vivientes andaban, las ruedas andaban junto a ellos; y cuando los seres vivientes se levantaban de la tierra, las ruedas se levantaban.

20 Hacia donde el espíritu les movía que anduviesen, andaban; hacia donde les movía el espíritu que anduviesen, las ruedas también se levantaban tras ellos; porque el espíritu de los seres vivientes estaba en las ruedas. **21**

Cuando ellos andaban, andaban ellas, y cuando ellos se paraban, se paraban ellas; asimismo cuando se levantaban de la tierra, las ruedas se levantaban tras ellos; porque el espíritu de los seres vivientes estaba en las ruedas. 22 Y sobre las cabezas de los seres vivientes aparecía una expansión a manera de cristal maravilloso, extendido encima sobre sus cabezas. 23 Y debajo de la expansión las alas de ellos estaban derechas, extendiéndose la una hacia la otra; y cada uno tenía dos alas que cubrían su cuerpo. 24 Y oí el sonido de sus alas cuando andaban, como sonido de muchas aguas, como la voz del Omnipotente, como ruido de muchedumbre, como el ruido de un ejército. Cuando se paraban, bajaban sus alas.

25 Y cuando se paraban y bajaban sus alas, se oía una voz de arriba de la expansión que había sobre sus cabezas. 26 sobre la expansión que había sobre sus cabezas se veía la figura de un trono que parecía de piedra de zafiro; y sobre la figura del trono había una semejanza que parecía de hombre sentado sobre él. 27 Y vi apariencia como de bronce refulgente, como apariencia de fuego dentro de ella en derredor, desde el aspecto de sus lomos para arriba; y desde sus lomos para abajo, vi que parecía como fuego, y que tenía resplandor alrededor. 28 Como parece el arco iris que está en las nubes el día que llueve, así era el parecer del resplandor alrededor. Esta fue la visión de la semejanza de la gloria de Jehová. Y cuando yo la vi, me postré sobre mi rostro, y oí la voz de uno que hablaba".

"1 Me dijo: Hijo del hombre, ponte sobre tus pies, y hablaré contigo. 2 Y luego que me habló, entró el Espíritu en mí y me afirmó sobre mis pies, y oí al que me hablaba. 3 Y me dijo: Hijo del hombre, yo te envío a los hijos de Israel, a gentes rebeldes que se rebelaron contra mí; ellos y sus padres se han rebelado contra mí hasta este mismo día.

4 Yo, pues, te envío a hijos de duro rostro y de empedernido corazón; y les dirás: Así ha dicho Jehová el Señor. 5 Acaso ellos escuchen; pero si no escucharen, porque son una casa rebelde, siempre conocerán que hubo profeta entre ellos".
Ezequiel 2: 1-5 (RVR 1960)

II. Rey, Siervo, Hijo del Hombre, Hijo de Dios

Jesús se reveló a Ezequiel, que fue uno de los profetas más importantes de Dios en la tierra durante el tiempo de cautiverio. Aunque Ezequiel era un profeta, no significaba que fuera a escapar del cautiverio. **Se sentó entre Israel como cautivo.**

Ezequiel no podía ministrar adecuadamente. No podía ir al pueblo Judío hasta que Él personalmente tuviera la revelación de Jesucristo. Estoy segura de que sentía que necesitaba hacer algo, pero no tenía esperanza sin el Espíritu del Señor. **Primero debemos tener la revelación de Jesucristo.** Así que aquí está este gran profeta de Dios, sentado junto al río Chebar en cautiverio, con un pueblo terco y rebelde que no quería oír de Dios y no quería hacer lo que Dios quería que hicieran. Cuenta que un torbellino salió del norte y una gran nube y fuego se envolvió con un brillo que lo rodeaba como el color del ámbar.

Luego vino "la semejanza de cuatro seres vivientes".

Ahora, recuerden, esto fue escrito en la época de Ezequiel. Esto no fue escrito después de que Jesús vino - fue escrito antes de que Jesús viniera. Esto fue cuando aún no era un hombre, pero era el Hijo de Dios.

"**5** y en medio de ella la figura de cuatro seres vivientes. Y esta era su apariencia: había en ellos semejanza de hombre. **6** Cada uno tenía cuatro caras y cuatro alas. **7** Y los pies de ellos eran derechos, y la planta de sus pies como planta de pie de becerro; y centelleaban a manera de bronce muy bruñido". Ezequiel 1: 5-7

Al mirar a los cuatro seres vivientes, tenían una apariencia de hombre. Las cuatro caras de los cuatro seres son Cristo – Cristo Jesús, el siervo; Cristo Jesús, el Hijo del Hombre; Cristo Jesús, el Hijo de Dios; Cristo Jesús, el Rey. Cristo Jesús, trayendo su cuerpo hoy en la revelación de Sí mismo – Jesús, el León de la tribu de Judá; Jesús, el siervo; Jesús, el Hijo del Hombre; Jesús, el Hijo de Dios.

El evangelio de Mateo presenta a Jesús como el León de la tribu de Judá para los judíos. El evangelio de Marcos presenta a Jesús como un siervo, un buey. El evangelio de Lucas lo presenta como un hombre, el Hijo del Hombre. El evangelio de Juan lo presenta como un águila, el Hijo de Dios. Aquí está la plenitud de Cristo, en la tierra, con la Palabra de Dios y con el propósito de Dios. El Señor los une y estos seres representan a Jesús con plena autoridad – Rey, Siervo, Hijo del Hombre, Hijo de Dios – todo completo.

Jesús mostró a través de estas escrituras los cinco ministerios que Él había dado al hombre. Ezequiel vio manos que representan las manos del hombre. Esta fue la obra, los dones y el ministerio del Espíritu Santo entre el pueblo. Los dones son dados para llevar el cuerpo de Cristo a la perfección. Después de que el perfecto aparezca, entonces, los espíritus de los siete ministerios de Dios tomarán el lugar de los dones.

La revelación fue de Jesús. Este es el ministerio de Jesucristo. Tenían pies rectos; tenían un propósito, tenían un plan. Jesús tiene un propósito y un plan aquí en la revelación de Sí mismo. La obra que Jesús hizo cuando caminó por la tierra fue realizada por el Hijo del Hombre... no fue hecha por el Hijo de Dios.

¿Recuerdas lo que le sucedió cuando fue Él bautizado en el agua? El Espíritu del Señor vino sobre Jesús. El Padre confirmó y el pueblo reconoció que Jesús era el Hijo de Dios. Se muestra aquí con un propósito, con un plan.

También era conocido como Jesús, el Hijo del Hombre. El Padre es la rueda grande, Jesús es la rueda pequeña, y **nosotros estamos en Jesús**. Cristo en el hombre, el hombre en Cristo – el Padre, el Hijo y nosotros.

Los ojos en el borde alrededor son los siete espíritus de Dios. Estamos en medio de esto con Jesús, con los dones, con el ministerio y la plenitud de Jesucristo. Algo le estaba pasando a Ezequiel; estaba recibiendo la revelación de Jesucristo. El Espíritu levantó a Ezequiel y algo comenzó a suceder. De esta gran rueda, los anillos a su alrededor estaban llenos de ojos. El Espíritu del Señor, el Espíritu de sabiduría, el Espíritu de conocimiento, el Espíritu de entendimiento, el Espíritu de consejo, el Espíritu de poder y el Espíritu del temor del Señor. **De repente, esta rueda comenzó a moverse**, y adquirió la apariencia de una rueda dentro de una rueda. **Cuando el Espíritu comenzó a moverse, llegó al trono de Dios y regresó a la tierra de nuevo.**

Había dos alas que cubrían su cuerpo. ¿Recuerdas esas cuatro caras? Son el carácter, la naturaleza, de Jesucristo. Las vistió con verdadera humildad. Las alas las cubrían y no eran visibles. Las caras no estaban exaltadas, pero tenían la apariencia de un hombre - ese hombre es Jesucristo, el Hijo de Dios, el Hijo del Hombre, el Siervo, el Rey de reyes y Señor de Señores.

A medida que Él nos lleve a esta relación con Él, **no habrá nada en ti ni mí, excepto Jesús.** Seremos vestidos en Él, llenos de Él, llenos de Su reino y llenos de Su gloria.

A medida que Le permitimos cambiar nuestra vida, **vamos a cabalgar en los lugares altos de la tierra.** No creo que debamos perder más tiempo, ¿verdad? Jesús quiere que todos nosotros seamos como Él. Pagó el precio completo por nosotros, y tenemos que entrar, y dejar de ser tercos, dejar de ser rebeldes. Quiere utilizarnos con el Espíritu del Señor en nosotros, para que podamos anunciar este Evangelio del Reino hasta los confines de la tierra. No es un sueño, es una realidad. **Nadie es elegible para montar en esta rueda a menos que haya permitido que Dios lo entrene totalmente por el Espíritu del Señor.** No hay nadie que se cuele, ni paseos gratis. Todos tenemos que montar por el Espíritu del Señor. No hay medio camino. No hay "Lo haré a mi manera", si quieres andar por el Espíritu del Señor y en Su Rueda, lo harás a la manera de Dios.

Él nos está dando una poderosa revelación de Jesucristo y Su obra mientras caminó por la tierra. Lo rechazaron pero, sin embargo, es el Rey de reyes y el Señor de señores. Lo rechazaron porque era un siervo, pero, sin embargo, sigue siendo siervo del hombre. "Él se sienta a la diestra del Padre siempre intercediendo por nosotros". **Tenemos que llegar a ser un siervo para Él.** Tenemos que permitirle tomar nuestra vida y moverse a través de nosotros de la manera que Él elija. **Si no nos convertimos en siervos, no**

tendremos un lugar con Él. Si no permitimos que su Espíritu se mueva en nosotros, nos perdemos lo que Él tiene para nosotros. No digo que no quiere que seamos inteligentes. Es la inteligencia más grande de todas. Prefiero personalmente dejar que Él sea mi inteligencia. Prefiero personalmente dejar que Su sabiduría sea mi sabiduría. Prefiero que Su entendimiento y Su conocimiento sean mi entendimiento y conocimiento, y que Su Espíritu se haga cargo de mí.

Esto es lo que Él estaba haciendo por Ezequiel: Él lo estaba preparando para una revelación especial de Jesucristo. No sólo para usarlo en ese día, sino para este día – para la revelación de Jesucristo. Los dones son entregados aquí. Los ministerios son entregados aquí. Las manos, los ministerios, los llaman los cinco ministerios. Todos están representados aquí en Ezequiel 1. Todo acerca de Jesucristo como hombre fue dado aquí a Ezequiel para que Él pudiera prepararnos para salir y hacer cosas por el Espíritu del Señor.

Lo que Dios tiene para nosotros es muy simple, no es complicado. La complicación es lo que hacemos con ello. Si nos rendimos a Él, nosotros también recibiremos la revelación de Jesucristo. Veras, no es sólo recibirlo, es el Señor preparándonos que Él va a hacer algo a través de nosotros allá afuera.

III. Estamos Viviendo en el Dia de la Plenitud de Cristo

Mi corazón estaba siendo movido por la Palabra de Dios. Creo que **Dios quiere darnos todo** y no creo que quiera guardarse nada. Lo que veo en la Palabra, mucha gente no lo ve, y tal vez ellos ven muchas cosas que yo no veo.

Una cosa que veo es la revelación de Jesucristo, cuando Él dijo a sus discípulos, "pero quedaos vosotros...hasta que seáis investidos de poder desde lo alto". Fue entonces que nos dio el Espíritu Santo y el fuego. También nos dio los dones y el ministerio del Espíritu Santo. Pero la Palabra dice que los dones eran limitados.

También hay otra parte donde Él dijo: "Y reposará sobre Él el Espíritu de Jehová; espíritu de sabiduría" (Isaías 11:2). Lo que está diciendo es que quiere que tengamos a **Jesús en nosotros para poder cumplir todo lo que el Padre le envió a hacer a través de nosotros, sin limitaciones.** Podemos tener Su Espíritu sin limitación. Vivimos en ese día de la plenitud del tiempo, en la plenitud del Padre, y eso es de lo que Ezequiel 1 está hablando.

La revelación completa de Jesús es cuando dejamos a un lado nuestra mente brillante, nuestra inteligencia, nuestro todo. Esas cosas no importan. Lo que realmente importa es que Jesús viva en nosotros y que recibamos de Él la revelación completa de Jesucristo.

El Señor me dijo cuando me trajo al desierto: "Voy a sacar de ti las tradiciones y las ataduras del hombre. Te enseñaré Mis caminos" (Ezequiel 1, 2 y 3); y esto es lo que me dio.

Estamos Viviendo en el Día de la Plenitud de Cristo, la plenitud del padre, en la plenitud de los tiempos. Vamos a permitirle revelarse a sí mismo tal como se reveló a Ezequiel, en la gloria del Señor, la grandeza de Su presencia y en la plenitud de Dios. ¿Para que podamos ir al cielo? No. Hay un propósito, pero Dios no se los dio a ellos. Nos lo ha dado a nosotros. ¿Por qué? Porque Él tiene un plan para nosotros. Este plan es tomar este evangelio de la revelación de Jesucristo en la plenitud de los tiempos, en la plenitud del

Padre, en el plan completo de Dios en los últimos días. Tenemos que permitir que el Señor nos dé la revelación del gran y poderoso Cristo. Primero tenemos que ser un siervo. Tenemos que librarnos de nuestro orgullo. Tenemos que permitirle que nos limpie, para que no haya nada ahí. Entonces el brillo de la gloria de Su presencia llenará nuestros templos, y estaremos listos para ir con Él.

Debe haber una razón por la que hay una rueda dentro de una rueda. En Juan 17, Jesús oró una oración por nosotros. Era una oración poderosa, para que pudiéramos estar en Él y Él en nosotros y Él en el Padre y el Padre en nosotros. Ezequiel 1 nos está preparando para que quepamos en ese lugar en el Señor. Jesús nos dio su reino. ¿En qué consiste Su reino? Amor, paz, alegría, justicia, santidad. No hay ley contra eso. Jesús dijo, "te doy esto para que lleves mi amor a los paganos". A veces piensas, "bueno, los paganos viven sin Dios", pero recuerda, ese no era el plan de Dios. Envió a su Hijo al mundo para redimir al mundo entero. Los reyes y los gobernantes de la tierra decidieron que no iban a permitir que la gente Lo conociera. Te digo, **Dios tiene un secreto, y es poderoso** porque es la revelación completa de Jesucristo. Cuando Él haya terminado su trabajo con nosotros, si le permitimos hacerlo, vamos a encontrar algo que no sabíamos. Él nos ha hecho como Él es en este mundo. Entonces vamos a poder estar de pie el día del juicio, y podemos estar de pie firmemente allí porque somos como Jesús.

Nos está dando el privilegio de esa revelación en nosotros para que podamos cabalgar en los lugares altos de la tierra con Él. Sólo si le obedecemos, lo obtendremos, y estaremos cabalgando en la gloria del Señor.

IV. Una Visión – El Reino de la Eternidad

Dios me dio una visión. Me levantó en el Espíritu y me llevó al reino de la eternidad antes de que existiera el tiempo. Estaba sentada en una casa en la India en una mesa cenando y hablando con un joven. Los padres del hombre estaban sentados con nosotros y eran Católicos. Estaba sentada allí y de repente, este joven me hizo una pregunta. Dijo: "Cualquier religión está bien, si crees en ella, ¿no?". Y de repente, no sé qué me pasó. Todavía estaba hablando con ellos en la mesa, pero no sé lo que les dije, porque de repente, estaba experimentando algo en los Cielos.

Fui llevada por el Señor al Reino de la eternidad, antes de la creación del hombre. Escuché al Hijo hablar con el Padre sobre que Él estaría dispuesto a convertirse en el Cordero que fue inmolado antes de la fundación del mundo. Ellos discutieron la creación del mundo, la creación del hombre y luego Jesús decidió que Él se convertiría en un bebé y en el Hijo del Hombre.

Había una cosa que, a lo largo de los años, le dije al Padre. "Padre, ¿por qué permites que la gente te trate como te trata?". Me dio la Palabra en Salmos y dijo: "Los hijos de Israel Lo provocaron a la ira y les quitó Su presencia Shekhiná". Ha hecho que Su fuerza entre en cautiverio y Su gloria en las manos del enemigo. Dijo: "**Llegará el momento en que voy a sacar mi fuerza del cautiverio y Mi gloria de las manos del enemigo, y voy a mostrar al mundo quién soy**".

Mientras yo estaba presenciando estas cosas en los cielos, vi **el corazón de Dios, el Padre**, y vi el precio que Él pagó para dejar que su amado Hijo viniera a ser maldecido, blasfemado y a morir por un pueblo que no lo quería. Sentí la angustia del Padre. Sentí la pesadez, y sentí el gran amor de Dios que tenía por su Hijo. Qué difícil debe haber sido. Creo que por eso dice en Juan: "Porque de tal manera amó Dios al mundo, que ha dado a su Hijo unigénito, para que todo aquel que en Él cree, no se pierda, más tenga vida eterna". Juan 3:16

Después de que el Señor me había mostrado esto, dijo: "No consideraré inocente a nadie que rechace a mi hijo". No sé qué le dije a este joven, pero estoy seguro de que le dije lo que el Señor dijo. No sabía lo que había pasado en la mesa, así que me volteé hacia mi amiga y le pregunté: "¿Qué dije?". Dijo: "No lo sé, pero fue maravilloso".

Hasta el día de hoy, no sé lo que dije en esa mesa ese día, pero la gloria del Señor estaba sobre mí. Fue un poco difícil bajar a esa mesa y entre la gente porque mi corazón gritó: "Padre, Tú sabes cuánto amas a Tu Hijo". Hablamos de lo mucho que Jesús nos ama, pero el Padre también pasó por muchas cosas para que nosotros tengamos a Su Hijo. Ahora estamos recibiendo la revelación de Su Hijo.

Este mismo Jesús se convirtió en el Hijo del Hombre mediante Él cual nos puede llevar a Sí mismo, para que Él nos sea revelado a nosotros, para que Él pueda usarnos. Dijo: "cosas más grandes que estas harás, porque yo voy al Padre". Verás, estamos viviendo al final de los tiempos. Estamos viviendo en la plenitud de los tiempos, en la plenitud del Padre. Jesús nos está preparando para el poderoso fluir de Su gloria, la gloria del Señor, Jesús el Hijo del Hombre.

V. Dios está transformando nuestras vidas

Cuando Ezequiel recibió la revelación de Jesucristo, desde ese momento en adelante, se llenó del poder del Espíritu. No se llenó de su propio poder. Nunca pensó que él estaba haciendo algo. Él supo que Jesús se estaba moviendo y hablando a través de él. No es quien somos, es la revelación de Jesús.

Recuerda, estamos viviendo en un día en el que otros han anhelado vivir, pero considera quiénes somos. No somos nadie, y, sin embargo, Él va a las prisiones, Él va a las calles, Él va entre las pandillas, Él va a transformar nuestras vidas por la revelación de Sí mismo, por el Espíritu del Señor.

Entonces, Él nos hará poderosos hombres y mujeres de Dios porque nos levantaremos en la plenitud de Su Espíritu. Después de recibir la revelación de Jesucristo, Ezequiel nunca hizo nada **excepto ser movido por el Espíritu del Señor.**

Es muy importante para nosotros permitir que Dios nos cambie para que podamos ser llenos de Su Espíritu - la manera en que Él quiere que seamos. En 2 Pedro, Capítulo 1, vemos cómo Dios está procesando nuestra vida para hacernos tal como Él es, llenándonos de Su amor, para que Su amor a través de nosotros llegue a un mundo moribundo. Léelo en la versión Reina Valera, porque otras versiones dejan fuera esta revelación.

2 Pedro 1 es el cambio de nuestra vida a Su semejanza y a Su naturaleza. Creo que cuando lleguemos a una dimensión completa en Él, la sabiduría de Dios va a fluir a través de nosotros, el conocimiento de Dios va a fluir a través de nosotros y el entendimiento de Dios va a fluir a través de nosotros. ¿Cómo podemos estar en Dios y en Cristo, y Cristo en nosotros, y no saber nada sobre Dios? Él tendrá

que hacerse cargo de nosotros para que podamos movernos por Su Espíritu.

Él me dijo cuando me dio la revelación de Isaías 58 que permitió que los hombres adquirieran riquezas, y cuando les dijo dónde ponerlas, las pondrían allí. Le ha dado riquezas ocultas a la gente en los lugares secretos. Les ha dado inventos. Les ha dado todo tipo de cosas para esta hora por la mano de Dios. Lo ha ocultado del mundo, y se lo ha dado a los que se mueven por Su Espíritu en Ezequiel 1.

Jesús digo: "Venid a mí todos los que estáis trabajados y cargados, y yo os haré descansa. Llevad mi yugo sobre vosotros, y aprended de mí, que soy manso y humilde de corazón; y hallaréis descanso para vuestras almas". Mateo 11:28-29

Podemos volar lejos, pero estamos volando en la hora de la rueda de Ezequiel por el Espíritu del Señor. Confío en que esto ha caído en sus corazones. No tenemos mucho tiempo, pero Jesús tiene un plan. Nos limpiará rápidamente, y se revelará rápidamente. Él cambiará nuestras vidas.

Ahora, Jesús dice que estás listo para correr. Te moverás cuando me mueva, y cuando no me mueva, no te muevas, bajas tus alas y descansa. Cuando Esté listo para moverse, prepárate para moverte. Nos movemos con Él. No nos ponemos ansiosos porque hemos sido entrenados por Él a través de los dones, a través del ministerio; y, lo que es más importante, hemos sido entrenados por el Espíritu del Dios Viviente. **Fue el Espíritu del Dios Viviente que estaba sobre Ezequiel y Él, hoy, nos ha llamado a tener el Espíritu del Señor sobre nosotros.**

Siento la maravilla de lo que Dios ha planeado para nosotros si le permitimos cambiar nuestra vida. Lo veremos como lo vio Ezequiel, entonces sabremos que, dondequiera que vaya el Espíritu, vamos a ir; y cuando el Espíritu no vaya, no vamos a ir. Vamos a descansar en Él. El trabajo es poderoso. Jesús en nosotros, nosotros en Jesús, en medio de la rueda. Estamos viviendo en la hora en que Dios quiere usar a cada uno de nosotros por la revelación completa de Jesucristo, **para que podamos cabalgar en la rueda de Ezequiel con Él.**

VI. Tenemos el privilegio de caminar

"Entonces te deleitarás en Jehová; y yo te haré subir sobre las alturas de la tierra, y te daré a comer la heredad de Jacob tu padre; porque la boca de Jehová lo ha hablado". Isaías 58:14

No necesitamos nada más...Él le hablo a Ezequiel: "Hijo del hombre, ve y dales la revelación de Jesucristo". Dáselo a ellos para que la puedan llevar a los fines de la tierra.

Todo parece lo contrario, pero no lo es. Si le permitimos quitar de nuestra vida todo lo que no es de Dios, entonces Su Espíritu gobernará y reinará en nuestra vida. Tan seguro como esto está escrito, se hará realidad para ti.

Creo que cuando entramos en lo que Dios tiene para nosotros a través de la revelación de Jesucristo, Dios el Padre está en nosotros y Jesús está en nosotros y estamos en ellos. Entonces podemos obtener nuestros recursos del cielo. Podemos extraer nuestro conocimiento de Él. No es nuestro conocimiento. No quiero cualquier conocimiento– todo lo que quiero es el conocimiento de Dios; y cuando quiere que yo tenga Su conocimiento, y cuando quiere que tenga Su sabiduría, yo la quiero. Cuando quiera que tenga Su entendimiento, yo lo quiero. Cuando quiera que tenga Su dirección o Su consejo, yo lo quiero. **Esto es exactamente la rueda de Ezequiel-Dios moviéndose en nosotros y nosotros moviéndonos en Él.**

Tenemos a Jesús en la revelación de Su Espíritu, en la plenitud de los tiempos, en la plenitud del Padre y en la plenitud de Su reino. ¿Cómo podemos dejar eso a un lado? ¿Cómo podemos elegir nuestra propia grandeza y tratar de resolverlo todo con nuestra sabiduría? Él lo tiene todo para nosotros, cuando esté listo para dárnoslo. No cuando estemos listos para tomarlo, porque probablemente no tendríamos la sabiduría para manejarlo bien.

"Saldrá una vara del tronco de Isaí, y un vástago retoñará de sus raíces. 2 Y reposará sobre él el Espíritu de Jehová; espíritu de sabiduría y de inteligencia, espíritu de consejo y de poder, espíritu de conocimiento y de temor de Jehová. 3 Y le hará entender diligente en el temor de Jehová. No juzgará según la vista de sus ojos, ni argüirá por lo que oigan sus oídos; 4 sino que juzgará con justicia a los pobres, y argüirá con equidad por los mansos de la tierra; y herirá la tierra con la vara de su boca, y con el espíritu de sus labios matará al impío. 5 Y será la justicia cinto de sus lomos, y la fidelidad ceñidor de su cintura. 6 Morará el lobo con el cordero, y el leopardo con el cabrito se acostará; el becerro y el león y la bestia doméstica andarán juntos, y un niño los pastoreará". Isaías 11:1-6

"10 Acontecerá en aquel tiempo que la raíz de Isaí, la cual estará puesta por pendón a los pueblos, será buscada por las gentes; y su habitación será gloriosa. 11 Asimismo acontecerá en aquel tiempo, que Jehová alzará otra vez su mano para recobrar el remanente de su pueblo que aún quede en Asiria, Egipto, Patros, Etiopía, Elam, Sinar y Hamat, y en las costas del mar". Isaias 11:10-11

Eso es lo que Dios está haciendo hoy, ¿no? **Tiene una obra que hacer mediante nosotros**, mediante la revelación completa de Jesucristo. Estoy agradecida por el Espíritu del Señor. Es por Su Espíritu que quiere que recibamos Su Palabra tal como está escrita. Hoy, tenemos el privilegio de tener todo lo que el Padre le dio a Jesús y de caminar en ello. **Jesús vino como el Hijo del hombre, pero nos dejó como el Rey de la Gloria.** Cumplió todo lo que el Padre le dio para que pudiéramos estar llenos de la plenitud del Padre.

Él dijo, "he puesto delante de ti una puerta abierta, la cual nadie puede cerrar". Estamos viviendo en esa hora – pero tiene que ser a la manera de Dios. Tenemos que permitirle que haga todo rápidamente para que nos pueda enviar a hacer la obra que nos ha llamado hacer.

Creo firmemente que el Señor quiere utilizar a los ciudadanos en sus propios países, rápida y poderosamente, para ministrar al pueblo por el Espíritu del Señor. **Recordemos que Ezequiel no pudo hacer nada hasta que recibió la revelación de Jesucristo.** Dondequiera que iba, todo lo que hacía era por el Espíritu del Señor.

Estamos creyendo en Dios. Él es más grande que todos los poderes de Satanás. Es un Dios poderoso, y necesitamos dejar que Jesús lo haga a Su manera, por Su Espíritu, y **no tratar de hacerlo a nuestra manera.** Dios nos está preparando para una obra poderosa en Él. Ahora ha comenzado. Ya ha comenzado. Debemos prepararnos para movernos en la plenitud de Su Espíritu para obedecerlo, para que podamos disfrutar de la plenitud del Padre en nuestra vida - para que pueda hacer las obras poderosas. No podemos decir cuáles son esas obras porque están sobre nuestro entendimiento. Nos vamos a maravillar mientras viene, sabiendo que es Dios. Amén.

The Revelation of Jesus Christ – Message – escrito por la Rev. Agnes I. Numer

REVISIÓN: LA REVELACIÓN DE JESUCRISTO

Marca las alternativas correctas:

1. Las cuatro caras de los seres son Jesucristo el: __ángel __siervo __Hijo de Dios __Hijo del Hombre __Hijo de María __Rey __Humano __Salvador

2. En Ezequiel Capítulo 1, la Revelación de Jesucristo es Jesucristo en _____, en todo Su _____ y en toda Su _____.

3. "Y cada uno caminaba derecho hacia _____; hacia donde el espíritu les movía que anduviesen, _____; y cuando andaban, no se _____".

4. "A medida que nos lleve a una relación con Él, no habrá nada en ti y en mí, excepto Jesús".

a. Verdadero

b. Falso

5. Marca la alternativa correcta:

¿Que nos hace eligibles para montar en la rueda?

____pedirle a Dios montar en la rueda, ____entrenar a montar la rueda leyendo la Biblia, ____permitir que Dios nos entrene totalmente por el Espíritu del Señor, ____saltar dentro de la rueda.

6. "pero quedaos vosotros...hasta que seáis investidos de poder desde lo alto".

¿Cuál es el poder que viene "desde lo alto"? Marca la alternativa correcta:

____Espíritu de Discernimiento, ____Espíritu de Sabiduría, ____Espíritu Santo, ____Espíritu de las Edades

7. Primero tenemos que ser un _____. Tenemos que librarnos de nuestro _____.

8. ¿En qué consiste el Reino de Dios? (marca todas las que correspondan): ____Gozo, ____Justicia, ____Amor, ____Orgullo, ____Paz, ____Arrogancia, ____Santidad, ____Educación

9. " Cuando Él haya terminado su trabajo con nosotros, si le permitimos hacerlo, descubriremos que nos ha hecho sentir tan cómodos como Él lo está en este mundo".

a. Verdadero
b. Falso

10. "Jesús nos está preparando para el poderoso fluir de Su gloria, la gloria del Señor, Jesús el Hijo del Hombre".

a. Verdadero
b. Falso

11. Cuando Ezequiel _____ la _____ de Jesucristo, desde ese momento en adelante se llenó del _____ _____ _____. Él supo que era _____ moviéndose y _____ a través de él.

12. "Es muy importante para nosotros permitir que Dios nos cambie para que podamos ser llenos de Su Espíritu".

a. Verdadero
b. Falso

13. "Entonces te _____ en Jehová; y yo te haré subir sobre las alturas de la tierra, y te

_____ a comer la
_____ de Jacob tu padre; porque la
_____ de Jehová lo ha hablado".

14. "Si no le permitimos quitar de nuestra vida todo lo que no es de Dios, entonces Su Espíritu gobernará y reinará en nuestra vida".

a. Verdadero
b. Falso

15. Dios nos está _____ para una obra _____ en Él. Debemos _____ para movernos en la _____ de Su Espíritu para _____, para que podamos disfrutar de la _____ del _____ en nuestra vida.

16. Para ser Su siervo necesitamos deshacernos de:
____odio, ____ira, ____orgullo, ____gozo

CAPÍTULO 26

MARK - FACE OF THE OX

Marcos – Cara de Buey

A TRAVÉS del Evangelio de Marcos, vemos lo que Jesús hizo como siervo. Los siervos desempeñan deberes para los demás, asegurándose de que las necesidades de estos sean atendidas antes que las suyas.

El buey era considerado una bestia de carga. A menudo se colocaba un yugo en este animal para que pudiera llevar o arrastrar las cargas grandes.

En este estudio, nos estamos preparando con los atributos de un siervo para que podamos movernos con el Espíritu en la Rueda.

Preparación

"Levantándose muy de mañana, siendo aún muy oscuro, salió y se fue a un lugar desierto, y allí oraba". Marcos 1:35

Los siervos se preparan con anticipación a menudo "muy de mañana" antes que otros. Esta preparación de servir con Dios requiere el atributo de la oración para que podamos conocer la dirección del Maestro (Dios) para movernos con Él en la rueda.

Discernimiento

"Jesús oyó del maestro que el hombre paralizado necesitaba saber en primer lugar que sus pecados fueron perdonados. Esto es lo que le impedía caminar. En 8 Jesús también discierne (percibido) en su espíritu que había preguntas en el corazón de los escribas. Debido al discernimiento, fue capaz de llevar la sanidad al hombre paralizado haciendo que se recuperara por completo y también respondiera correctamente a los escribas". Marcos 2:5-11

Obediencia

Jesús llama a Levi (un recaudador de impuestos) para ser discípulo y luego tiene una comida en su casa con otros publicanos y pecadores. Los Escribas y los Fariseos se preguntan por qué come con ellos. La rueda se estaba moviendo para mostrar la verdad sobre Dios a un fariseo. Jesús obedeció el movimiento de la rueda a pesar de la separación religiosa. Jesús responde a su pregunta: 17 "Los enfermos necesitaban un médico y los pecadores ser llamados al arrepentimiento".

Marcos 2:14-17

No te vuelvas religioso

"Jesús les dijo: ¿Acaso pueden los que están de bodas ayunar

mientras está con ellos el esposo? Entre tanto que tienen
consigo al esposo, no pueden ayunar". Marcos 2:19

Los siervos no pueden volverse rígidos en cómo hacen las
cosas (volverse religiosos). Los siervos (discípulos) obedecen
la dirección del Maestro (Padre) para cada situación. Jesús
obedeció el corazón de Su Padre, Él se movió por el Espíritu
en la Rueda.

"También les dijo: El día de reposo[a] fue hecho por causa
del hombre, y no el hombre por causa del día de reposo. 28
Por tanto, el Hijo del Hombre es Señor aun del día de
reposo". Marcos 2:27-28

¿Quién es la Familia?

"Vienen después sus hermanos y su madre, y quedándose
afuera, enviaron a llamarle. 32 Y la gente que estaba sentada
alrededor de él le dijo: Tu madre y tus hermanos están
afuera, y te buscan. 33 Él les respondió diciendo: ¿Quién es
mi madre y mis hermanos? 34 Y mirando a los que estaban
sentados alrededor de él, dijo: He aquí mi madre y mis
hermanos". Marcos 3:31-34

En este pasaje, Jesús está expandiendo nuestros
pensamientos y acciones como siervo. Jesús no rechazó a su
madre y a sus hermanos, sino que utiliza la oportunidad
para ilustrar quién es la familia. "35 Porque todo aquel que
hace la voluntad de Dios, ese es mi hermano, y mi hermana,
y mi madre". El siervo no puede elegir a su familia, como
siervos servimos a aquellos a quienes nuestro Padre ha
puesto ante nosotros para ministrar.

Oír

Marcos 4:24: "Les dijo también: Mirad lo que oís; porque con la medida con que medís, os será medido, y aun se os añadirá a vosotros los que oís". ¿Esta tu corazón receptivo a oír? La parábola del sembrador habla sobre la receptividad a la Palabra de Dios.

Confiar

Marcos 4: 26-29: Sembrar y esperar la cosecha y luego cosechar inmediatamente... Este es el reino. Confía en el sembrador de que el fruto saldrá en el momento adecuado. Sólo tenemos que esperar por la madurez, y luego cosechar inmediatamente el fruto completado.

Tener Fe

Marcos 4:40: "Y les dijo: ¿Por qué estáis así amedrentados? ¿Cómo no tenéis fe?". La tormenta no le preocupaba a Jesús, pero los discípulos estaban aterrados. Como siervos, necesitamos tener fe en donde el espíritu nos lleva en la rueda. Jesús les dijo que fueran al otro lado. Si Él está en el barco, seguramente llegaran allí a pesar de la fuerte tormenta.

Muy a menudo, nos movemos en la dirección que debemos ir, sabiendo y creyendo que es la dirección para movernos con el Señor en el barco (Rueda). En el camino, hay una tormenta, o un problema que nos aterroriza. ¿Vamos a damos por vencidos, devolvernos o a ir hacia el otro lado? ¿Confiamos en que hemos escuchado, y tenemos fe en que atravesaremos la tormenta?

Descanso

Marcos 6:31: "Él les dijo: Venid vosotros aparte a un lugar desierto, y descansad un poco. Porque eran muchos los que iban y venían, de manera que ni aun tenían tiempo para comer".

En el capítulo 6, Jesús envió a Sus discípulos con instrucciones para hacer lo que les había enseñado. Marcos 6:12: "Y saliendo, predicaban que los hombres se arrepintiesen.

13 Y echaban fuera muchos demonios, y ungían con aceite a muchos enfermos, y los sanaban". También tuvieron que enterrar a Juan el Bautista. Jesús mismo les dice "venid aparte y descansad".

Ezequiel 1:21: "Cuando ellos andaban, andaban ellas, y cuando ellos se paraban, se paraban ellas;".

El descanso es importante. Tenemos que descansar cuando el Espíritu descansa.

Repasemos:

Toma un tiempo para mirar los Atributos de un siervo que ya has estudiado. Preparación - ¿te has propuesto a orar para que tu Discernimiento sea verdadero? ¿Estás obedeciendo la guía del Espíritu del Señor? ¿Te estás moviendo en la rueda con Gracia y Verdad (justicia), no sólo siguiendo la ley? Tu familia: ¿abarca a aquellos a los que Dios te ha enviado a servir? ¿Estás escuchando para que Dios pueda confiarte Su cosecha? ¿Está aumentando tu fe de que el Espíritu te está guiando en la dirección correcta? ¿Estás aprendiendo a descansar cuando la 'rueda' se detiene?

Permite que el Señor desarrolle estos atributos de siervo en tu vida para que te puedas mover por el Espíritu en la rueda.

No solo marques cada uno como una lista. No los archives y creas que has superado una prueba. Estos atributos de siervo son lo que necesitamos para poder movernos en el Espíritu en la rueda. Es un trabajo continuo en nuestras vidas.

"Hacia donde el espíritu les movía que anduviesen, andaban; hacia donde les movía el espíritu que anduviesen, las ruedas también se levantaban tras ellos; porque el espíritu de los seres vivientes estaba en las ruedas. **21** Cuando ellos andaban, andaban ellas, y cuando ellos se paraban, se paraban ellas; asimismo cuando se levantaban de la tierra, las ruedas se levantaban tras ellos; porque el espíritu de los seres vivientes estaba en las ruedas". Ezequiel 1:20-21

La difunta reverenda Agnes Numer decía al enseñar acerca de la rueda de Ezequiel: "Prepárate para el viaje de tu vida".

Compasión

Lee Ezequiel Capítulos 2 y 3

Hemos aprendido SOBRE EL DESCANSO. Los siervos necesitan descansar cuando el Espíritu descansa (en la rueda). Jesús y sus discípulos subieron en una barca para alejarse de la gente para descansar, entonces... "Y salió Jesús y vio una gran multitud, y tuvo compasión de ellos, porque eran como ovejas que no tenían pastor; y comenzó a enseñarles muchas cosas" Marcos 6:34. Esta es la crudeza de la vida en una 'rueda'. El tiempo de Dios no es nuestro tiempo. Su principal interés es atender el bienestar de Sus hijos.

A veces, la compasión se mueve, y el descanso necesita esperar, porque las circunstancias no pueden esperar. 35-44: verán que Jesús no sólo les enseñó espiritualmente, sino que también les proveyó alimento.

Noten que Jesús enseñó todo el día, esto no fue sólo un corto tiempo de servicio 'extra'. Recuerda Ezequiel 1:20-21: "Cuando ellos andaban, andaban ellas, y cuando ellos se paraban, se paraban ellas…".

Nota: Este atributo de compasión es quizás el momento decisivo desde pasar de ser un siervo a un 'hijo siervo'. Negarnos a nosotros mismos y la obediencia pueden ser un autosacrificio - podemos lograrlo en nosotros mismos tal vez- pero, cuando tenemos el atributo de la compasión y nos movemos en ella, es cuando elegimos el corazón del Padre y nos convertimos en Hijos.

Corazón Servicial

Marcos 8:31-38. Un siervo tiene que ser obediente a su propósito en la vida. Un buey lleva cargas para otros sin quejarse y el buey no llega a considerar sus propias necesidades.

Jesús explicó a la gente Su propósito en la tierra: "**31** …que le era necesario al Hijo del Hombre padecer mucho, y ser desechado por los ancianos, por los principales sacerdotes y por los escribas, y ser muerto, y resucitar después de tres días". Cuando Pedro lo reprendió, la respuesta de Jesús es: "**33** porque no pones la mira en las cosas de Dios, sino en las de los hombres".

Marcos 9:33, 34, 35 y 10:42-45 La disputa sobre quién será primero y luego Jesús responde. 9:35: "Entonces él se sentó y llamó a los doce, y les dijo: Si alguno quiere ser el primero, será el postrero de todos, y el servidor de todos". 10:45 "Porque el Hijo del Hombre no vino para ser servido, sino para servir, y para dar su vida en rescate por muchos".

Perdonar

Marcos 11: 25-26: Como portador de carga (el buey), el siervo puede estar sujeto a un uso excesivo. Esto sucede cuando servimos en nuestra propia fuerza y no nos movemos cuando el espíritu se mueve. Esto puede hacer que estemos enojados y amargados, que nos lleva a no perdonar. Marcos 11: 25-26: "Y cuando estéis orando, perdonad, si tenéis algo contra alguno, para que también vuestro Padre que está en los cielos os perdone a vosotros vuestras ofensas. 26 Porque si vosotros no perdonáis, tampoco vuestro Padre que está en los cielos os perdonará vuestras ofensas". Necesitamos perdonar para ser libres y movernos en la majestuosa rueda.

Amor

Marcos 12: 28-31: Un escriba le hace esta pregunta a Jesús: ¿cuál es el primer mandamiento de todos? La respuesta de Jesús es "El primer mandamiento de todos es: Oye, Israel; el Señor nuestro Dios, el Señor uno es. 30 Y amarás al Señor tu Dios con todo tu corazón, y con toda tu alma, y con toda tu mente y con todas tus fuerzas. Este es el principal mandamiento. 31 Y el segundo es semejante: Amarás a tu prójimo como a ti mismo. No hay otro mandamiento mayor que éstos".

Y el escriba responde con esta declaración: "y el amarle con todo el corazón, con todo el entendimiento, con toda el alma, y con todas las fuerzas, y amar al prójimo como a uno mismo, es más que todos los holocaustos y sacrificios". Marcos 12:32-33

Se hacían ofrendas quemadas y sacrificios para expiación del pecado y también ofrendas de amor a Dios. Dios habla de sacrificios con olor fragante, aceptables para Él.

Amar al Señor nuestro Dios con TODA nuestra alma, y a nuestro prójimo con TODO, CÓMO a nosotros mismos sería una ofrenda quemada COMPLETA. Esto sería aceptable para el Señor, un 'aroma fragante".

Lo completo es: Todo el corazón, Toda el alma, Toda la mente y Toda la fuerza. Esto es el Amor de un siervo al Maestro.

Dar

Lee Marcos 12: 43-44: "Entonces llamando a sus discípulos, les dijo: De cierto os digo que esta viuda pobre echó más que todos los que han echado en el arca; 44 porque todos han echado de lo que les sobra; pero ésta, de su pobreza echó todo lo que tenía, todo su sustento". La viuda dio todo lo que podía dar.

La entrega de un siervo es sacrificial. ¿Estás dando de tu abundancia o de tu necesidad?

Velad y Orar

Lee Marcos 13: 34-37: El Maestro va de viaje y da Autoridad a sus siervos, y a cada hombre un deber o un trabajo que hacer y mandó a un portero para que vigilara. "35 Velad, pues, porque no sabéis cuándo vendrá el señor de la casa; si al anochecer, o a la medianoche, o al canto del gallo, o a la mañana;".

Lee Marcos 14: 4-38: "Velad y orad, para que no entréis en tentación; el espíritu a la verdad está dispuesto, pero la carne es débil".

El trabajo nos mantiene ocupados y concentrados en los asuntos de nuestro Maestro. Vigilar el regreso del Maestro nos mantiene alertas al futuro. Velar y orar nos impide caer en la tentación.

Estos atributos nos transforman de siervo en hijo

No sigas la multitud

"Pero estando él en Betania, en casa de Simón el leproso, y sentado a la mesa, vino una mujer con un vaso de alabastro de perfume de nardo puro de mucho precio; y quebrando el vaso de alabastro, se lo derramó sobre su cabeza. 4 Y hubo algunos que se enojaron dentro de sí, y dijeron: ¿Para qué se ha hecho este desperdicio de perfume? 5 Porque podía haberse vendido por más de trescientos denarios, y haberse dado a los pobres. Y murmuraban contra ella. 6 Pero Jesús dijo: Dejadla, ¿por qué la molestáis? Buena obra me ha hecho. 7 Siempre tendréis a los pobres con vosotros, y cuando queráis les podréis hacer bien; pero a mí no siempre me tendréis. 8 Esta ha hecho lo que podía; porque se ha anticipado a ungir mi cuerpo para la sepultura. 9 De cierto os digo que dondequiera que se predique este evangelio, en todo el mundo, también se contará lo que ésta ha hecho, para memoria de ella". Marcos 14: 3-9

Nuestro enfoque es el bienestar de las personas. Jesús estaba visitando a un paria, Simón el leproso, y una mujer lo estaba ungiendo con un costoso aceite que otros creían que se podía haber utilizado para un propósito más noble, como alimentar a los pobres.

Ayudar a las personas a encontrar la salvación en el reino de Dios es mucho más importante que lo que la multitud piensa o cómo las personas están mostrando su gratitud.

Sé guiado por el Espíritu moviéndote en la rueda en lugar de las tradiciones del hombre. Sé más consciente de dónde se mueve el Espíritu y dirígete a donde Él va.

Moverse con el Espíritu no siempre incluye una multitud o una mayoría

Sé como el Maestro

"Y les dijo: Id por todo el mundo y predicad el evangelio a toda criatura. **16** El que creyere y fuere bautizado, será salvo; más el que no creyere, será condenado. **17** Y estas señales seguirán a los que creen: En mi nombre echarán fuera demonios; hablarán nuevas lenguas; **18** tomarán en las manos serpientes, y si bebieren cosa mortífera, no les hará daño; sobre los enfermos pondrán sus manos, y sanarán". Marcos 16:15-18.

A medida que tomamos los atributos de un siervo, aprendemos los caminos del Maestro. Aprendemos a ver las necesidades de otros y a servirles con buena voluntad.

Entonces seremos Hijos de Dios, capaces de movernos con el Espíritu en la rueda como el Maestro (Dios).

Nos moveremos cuando el Espíritu se mueve, y descansaremos cuando Él descansa, ¡y será el viaje más grande de nuestras vidas!

Ezequiel 1:12 "Y cada uno caminaba derecho hacia adelante; hacia donde el espíritu les movía que anduviesen...".

REPASO: MARCOS – CARA DE BUEY

1. Los siervos se preparan con anticipación a menudo "muy _____ _____ " antes que otros. Esta preparación de servir _____ Dios requiere el atributo de la _____ para que podamos conocer la _____ del _____ (Dios) para _____ con Él en la _____.

2. Los Siervos (_____) obedecen la _____ del Maestro (_____) para _____ situación.

3. El siervo no puede elegir a su familia, como siervos _____ a aquellos a quienes nuestro Padre ha _____ _____ _____ para ministrar.

. . .

4. Como siervos, necesitamos tener fe en donde el espíritu nos lleva en la rueda.

a. Verdadero

b. Falso

5. "Porque el Hijo del Hombre _____ vino para ser _____, sino para servir, y para dar su vida en _____ por muchos."

6. "Y cuando estéis orando, _____, si tenéis _____ contra alguno, para que también vuestro Padre que está en los cielos os perdone a vosotros vuestras ofensas".

7. Velar y orar nos impide caer en la tentación.

a. Verdadero

b. Falso

8. Moverse con el _____ no siempre incluye una _____ o una _____.

9. A medida que tomamos los _____ de un siervo, _____ los caminos del Maestro.

10. "Aprendemos a ver las necesidades de otros y sin buena voluntad a servirles".

a. Verdadero

b. Falso

CAPÍTULO 27
JUAN – HIJO DE DIOS

El Evangelio de Juan – Cara de Águila

El propósito de este estudio es desarrollar los atributos de un Hijo de Dios, madurar y reconocer quienes somos en Dios y movernos en esa autoridad en la 'rueda' con el Espíritu de Dios.

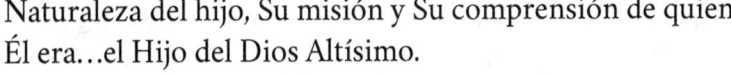

A través del evangelio de Juan, observaremos lo que Jesús hizo como Hijo de Dios. La Naturaleza del hijo, Su misión y Su comprensión de quien Él era…el Hijo del Dios Altísimo.

Atributos de un Hijo de Dios

- Recibirle

- Nacer de Nuevo

- Gracia y Verdad
- Celo por la Casa
- Obediencia
- Creer
- Tener Juicio Justo
- Continuar en la Palabra
- Acatar
- Trabajar mientras es de Día
- Dar tu vida
- Ser humilde
- Ser Fructífero y amar
- Pedir
- Hablar abiertamente
- Cumplir tu propósito de ser Hijo de Dios

Recibirle

Juan 1:4: "En él estaba la vida, y la vida era la luz de los hombres." Juan 1:9: Aquella luz verdadera, que alumbra a todo hombre, venía a este mundo". Juan 1:12: "Mas a todos los que le recibieron, a los que creen en su nombre, les dio potestad de ser hechos hijos de Dios;".

Antes de descubrir los atributos y funciones de un hijo de Dios, debemos recibirlo como Señor y creer en Su nombre. Es sólo entonces que obtenemos el poder y la capacidad de asumir los atributos y ser hijos.

¿Has recibido a Jesucristo en tu vida como tu Señor y Salvador? ¿Eres su hijo? Debes recibirlo a Él como el Señor de tu vida, para tener el poder y la habilidad para ser hijos completos.

Nacer de Nuevo

"Respondió Jesús: De cierto, de cierto te digo, que el que no naciere de agua y del Espíritu, no puede entrar en el reino de Dios. 6 Lo que es nacido de la carne, carne es; y lo que es nacido del Espíritu,[a] espíritu es. 7 No te maravilles de que te dije: Os es necesario nacer de nuevo". Juan 3:5-7

"Porque de tal manera amó Dios al mundo, que ha dado a su Hijo unigénito, para que todo aquel que en él cree, no se pierda, mas tenga vida eterna". Juan 3:16 "Nadie subió al cielo, sino el que descendió del cielo; el Hijo del Hombre, que está en el cielo". Juan 3:13 "Porque el que Dios envió, las palabras de Dios habla; pues Dios no da el Espíritu por medida". Juan 3:34

Nuestro nuevo nacimiento nos da la capacidad de no condenar, sino llevar a la gente a la salvación a través de nuestras vidas; ser un Hijo de Dios.

Gracia y Verdad

"Pues la ley por medio de Moisés fue dada, pero la gracia y la verdad vinieron por medio de Jesucristo". Juan 1:17

"Gracia" significa asistencia divina inmerecida. "Verdad" significa hechos reales o verdaderos sobre algo. Cristo vino a cumplir la Ley de Moisés por gracia y verdad.

La gracia y la verdad por Jesucristo (dirección del Padre) deben convertirse en un atributo integral de nuestro carácter. Este es el fundamento principal de ser un hijo.

Nuestro servicio al hombre debe ser por Gracia y Verdad para el cumplimiento de la Ley.

Celo por la Casa

"y dijo a los que vendían palomas: Quitad de aquí esto, y no hagáis de la casa de mi Padre casa de mercado. 17 Entonces se acordaron sus discípulos que está escrito: El celo de tu casa me consume". Juan 2:16-17

La Casa de Dios debe mantenerse santificada. La casa no solamente es el edificio de adoración, sino también nuestro templo vivo al que hemos invitado a Dios a vivir en nosotros mismos.

Como hijos, necesitamos ser celosos por la Santidad de la Casa de Dios

Obediencia

"Mi comida es que haga la voluntad del que me envió, y que acabe (complete) su obra". Jesús obedeció la guía de Su Padre hablando a esta mujer samaritana y llevando así toda su aldea a la gracia salvadora de Dios". Juan 4:32-34

"Mi Padre hasta ahora trabaja, y yo trabajo". Juan 5:17 Esta declaración viene después de que Jesús sana al hombre cojo en la piscina en el día de reposo. Los judíos quieren matarlo porque no es la ley trabajar en el día de reposo.

"De cierto, de cierto os digo: No puede el Hijo hacer nada por sí mismo, sino lo que ve hacer al Padre; porque todo lo que el Padre hace, también lo hace el Hijo igualmente". Juan 5:19

"No puedo yo hacer nada por mí mismo; según oigo, así juzgo; y mi juicio es justo, porque no busco mi voluntad, sino la voluntad del que me envió, la del Padre". Juan 5:30

Repasemos:

Al moverse en la rueda, la obediencia es una clave. Estamos aprendiendo maneras del Reino que no son maneras del hombre. ¿Te imaginas ser guiado por el Espíritu del Señor "con la rueda moviéndose" en una circunstancia similar como hablar con la mujer samaritana en el pozo?

La madurez también es necesaria junto con la obediencia, para que se nos pueda confiar situaciones similares a esta.

Desarrolla el atributo de obediencia para que te puedas mover en la rueda por la Gracia y Verdad de Dios para guiar a otros a la salvación.

Obediencia no es esclavitud – es el buen placer del Hijo obedecer al Padre. Gozo, consuelo y satisfacción son la recompensa cuando nos movemos con nuestro Padre en la "rueda".

Creer

"Jesús les respondió y dijo: En verdad, en verdad os digo: me buscáis, no porque hayáis visto señales[m], sino porque habéis comido de los panes y os habéis saciado. 27 Trabajad, no por el alimento que perece, sino por el alimento que permanece para vida eterna, el cual el Hijo del Hombre os dará, porque a este *es a quien* el Padre, Dios, ha marcado con su sello. 28 Entonces le dijeron: ¿Qué debemos hacer[n] para poner en práctica las obras de Dios? 29 Respondió Jesús y les dijo: Esta es la obra de Dios: que creáis en el que Él ha enviado". Juan 6: 26-29 (LBLA-La Biblia de las Américas)

Hijos - continúen creyendo en Dios.

Tener Juicio Justo

"No juzguéis según las apariencias, sino juzgad con justo juicio". Juan 7:24

Jesús respondió a aquellos que estaban enojados porque hacía sanación en el día de reposo. He aquí una gran lección sobre moverse en la rueda: Un hombre necesitaba ser sanado esa hora, tal como un niño necesitaba ser circuncidado en el octavo día, pero de acuerdo con la ley, uno no debe trabajar en el día de reposo. Como hijos, por Gracia y Verdad, también es justo sanar a los enfermos o abatidos u oprimidos por el diablo.

Recuerda que Jesús no vino para remover la ley sino para la cumplirla.

Repasemos:

Reflexiona sobre qué atributos se necesitan para llegar a ser hijos completos de Dios. ¿Lo has recibido como Señor y Salvador? ¿Has Nacido de Nuevo en agua (bautizado con agua) y del Espíritu (has recibió el Espíritu Santo con evidencia de hablar en tu idioma celestial)? ¿Tienes la Gracia y la Verdad operando en ti? ¿Ha aumentado tu celo por la Casa de Dios? ¿Estás siendo obediente a Su voluntad? ¿Estás creyendo en tu Padre? ¿Y están la Gracia y la Verdad ayudándote a hacer Juicio Justo?

Recuerda que esto es un proceso continuo.

Qué alentador es lo que dice en Juan 8:28-29: "...que nada hago por mí mismo, sino que según me enseñó el Padre, así hablo. 29 Porque el que me envió, conmigo está; no me ha dejado solo el Padre, porque yo hago siempre lo que le agrada".

Con este aliento, sigamos mirando el Evangelio de San Juan en esta luz de ver los atributos que nos harán hijos maduros de Dios, para poder movernos en la 'Rueda'.

Continuar en la Palabra

"Dijo entonces Jesús a los judíos que habían creído en él: Si vosotros permaneciereis en mi palabra, seréis verdaderamente mis discípulos; **32** y conoceréis la verdad, y la verdad os hará libres". Juan 8: 31-32

Necesitamos continuar estudiando la Palabra como un Hijo disciplinado. Entonces conoceremos la verdad y la verdad nos hará libres. La Verdad aquí es la revelación divina de Dios – ¡esto es libertad! Un hijo necesita conocer cómo trabaja su padre; por lo tanto, tenemos que conocer a nuestro Padre, pasar tiempo con Él, trabajar con Él y discutir cosas con Él.

En otras palabras, leer el manual - la Palabra de Dios, y llamar al fabricante – orar.

Acatar

"Jesús les respondió: De cierto, de cierto os digo, que todo aquel que hace pecado, esclavo es del pecado. **35** Y el esclavo no queda en la casa para siempre; el hijo sí queda para siempre". Juan 8: 34-35

"El que es de Dios, las palabras de Dios oye; por esto no las oís vosotros, porque no sois de Dios". Juan 8:47

"Acatar" significa aceptar o actuar de acuerdo con una regla, decisión o recomendación. Una vez que hayamos aceptado ser hijos de Dios, necesitamos acatar y permanecer para siempre en Su casa.

Hay libertad

Trabajar mientras es de Dia

"Me es necesario hacer las obras del que me envió, entre tanto que el día dura; la noche viene, cuando nadie puede trabajar. 5 Entre tanto que estoy en el mundo, luz soy del mundo". Juan 9:4-5

Un hijo necesita hacer lo que se le ha designado, estar en los asuntos de su padre mientras es de día, mientras que todavía está la luz de Dios.

Comprende que nuestra vida en Cristo es una experiencia de toda la vida y que es continua hasta que Cristo venga por nosotros. Somos la luz del mundo, y tenemos que aprovechar cada oportunidad para compartir esto con los demás para que puedan venir a la gracia salvadora de Dios.

Dar tu vida:

"Yo soy el buen pastor; el buen pastor su vida da por las ovejas". Juan 10:7-18

Jesús se refiere a sí mismo como el "buen pastor" que ofreció su vida por todas las ovejas que conocen y escuchan Su voz. Un hijo necesita proteger el pueblo de Dios, no permitir que el diablo robe, mate o destruya el rebaño. "13 Así que el asalariado huye, porque es asalariado, y no le importan las ovejas". Los asalariados permiten que las "ovejas" sean esparcidas y asesinadas. Los hijos cuidan de su hogar, asegurándose de que todos estén seguras y sean contabilizadas.

Ser Humilde

Jesús estableció un estándar aquí lavando los pies de su discípulo, lo cual es un acto muy profundo. Juan 13:13-16, 35

"2 ¿Sabéis lo que os he hecho? **13** Vosotros me llamáis Maestro y Señor; y tenéis razón[e], porque lo soy. **14** Pues si yo, el Señor y el Maestro, os lavé los pies, vosotros también debéis lavaros los pies unos a otros. **15** Porque os he dado ejemplo, para que como yo os he hecho, vosotros también hagáis.**16** En verdad, en verdad os digo: un siervo no es mayor que su señor, ni un enviado es mayor que el que lo envió. **35** En esto conocerán todos que sois mis discípulos, si os tenéis amor los unos a los otros". Juan 13:13-16 (LBLA-La Biblia de las Américas).

Ser Fructífero y Amar

"Los comisioné para que vayan y den fruto, un fruto que perdure. Así el Padre les dará todo lo que le pidan en mi nombre. **17** Este es mi mandamiento: que se amen los unos a los otros". Juan 15: 1-17 (NVI)

Los Hijos de Dios Reproducen Hijos de Dios

Pedir

"Hasta ahora no han pedido nada en mi nombre. Pidan y recibirán, para que su alegría sea completa". Juan 16:24

Varias veces, Jesús habla con sus discípulos acerca de pedir al padre. Podemos olvidar o incluso pensar que no somos dignos de pedir, pero es la prerrogativa de los hijos pedir cosas a sus padres, incluso con abandono (sin refrenar). Jesús dice que pidas y recibirás.

Repasemos:

En nuestro mundo de hoy, tenemos una comprensión equivocada del atributo del padre. Como Padre, ¿estás animando a tus hijos a que te pidan cosas? ¿Y tienes los atributos de tu Dios Padre para poder dar a tus hijos las cosas 'buenas'? Anímate a desarrollar los atributos de tu Padre celestial para poder dar buenos dones a tus hijos.

Hablar abiertamente

"Entonces el sumo sacerdote interrogó a Jesús acerca de sus discípulos y de sus enseñanzas. **20** Jesús le respondió: Yo he hablado al mundo abiertamente; siempre enseñé en la sinagoga y en el templo, donde se reúnen todos los judíos, y nada he hablado en secreto". Juan 18:19-20 (LBLA-La Biblia de las Américas)

Jesús dice algunas cosas increíbles de las que debemos tomar nota. Dice: "Hablé abiertamente al mundo". Así que habló con todos. Luego dice: "Siempre enseñé en la sinagoga", esto es para la iglesia local. "Y en el templo, donde los judíos siempre recurren", la congregación mayor fue a escuchar la enseñanza y a hablar de doctrina. "Y en secreto no he dicho nada". Jesús no tenía una agenda oculta, habló a todos.

Jesús no tenía una agenda oculta, lo que Él hablaba y discutía siempre fue la verdad, nosotros como hijos de Dios debemos tener este mismo atributo en todo lo que hacemos y decimos.

Cumplir tu propósito de ser Hijo de Dios

Los discípulos van a pescar, su antigua ocupación. No atrapan nada. Por la mañana Jesús apareció en la orilla y preguntó: "Hijitos, ¿tenéis algo de comer? Le respondieron: No". Juan 21:4, 5 Jesús les indica que lancen sus redes al lado derecho, atrapan una red muy llena, y la red no se rompe. Jesús ya tiene peces en el fuego cuando llegan a la orilla.

Jesús dijo, **10** "Jesús les dijo: Traed de los peces que acabáis de pescar". Luego: "**12** Venid, comed". Comieron juntos y después Jesús le preguntó a Pedro: "Me amas más que estos [peces]? (**15, 16, 17**). La respuesta de Pedro es tres veces SÍ. La instrucción de Jesús es "apacienta mis corderos, pastorea mis ovejas, apacienta mis ovejas.

A veces volvemos, a nuestro antiguo trabajo, estilo de vida, perdemos dirección, y nos desanimamos.

El Ánimo de Jesús:

- Pregunta sobre "la pesca"

- Les instruye donde están los pesces

- Les provee peces

- Les invita que traigan algunos de los peces que habían atrapado

- Disfrutan una comida juntos con pan y pescados

- Luego Jesús ayuda a Pedro a afirmar (declarar) su amor por Jesús – el nuevo trabajo de Pedro ya no será la "pesca".

- Jesús anima a Pedro de nuevo a alimentar y cuidar el rebaño.

Alcancemos los atributos de un hijo de Dios, y sigamos madurando, con el propósito de Movernos con el Espíritu en la rueda para 'pastorear a las ovejas'.

La última instrucción de Jesús a Pedro fue:

Sígueme

REVISIÓN: JUAN – HIJO DE DIOS

1. "Mas a _____ los que le recibieron, a los que _____ en su _____, les dio _____ de ser hechos hijos de Dios".

2. "Nuestro nuevo nacimiento nos da la capacidad de no condenar, sino llevar a la gente a la salvación a través de nuestras vidas; ser un Hijo de Dios".

   a. Verdadero

   b. Falso

3. "Gracia" significa _____ _____ inmerecida.

4. "Verdad" significa "hechos reales o verdaderos sobre algo".

a. Verdadero

b. Falso

5. Cristo vino a _____ la Ley de Moisés por _____ y _____.

6. "No puede el Hijo hacer _____ por sí mismo, sino lo que _____ hacer al Padre; porque _____ lo que el Padre hace, también lo hace el Hijo _____".

7. Obediencia no es _____ – es el buen _____ del Hijo _____ al Padre. _____, _____ y satisfacción son la recompensa cuando nos movemos con nuestro _____ en la "rueda".

8. "Dijo entonces Jesús a los judíos que habían _____ en él: Si vosotros _____ en mi palabra, seréis verdaderamente mis _____".

9. Jesús le respondió: Yo he _____ al mundo _____; siempre _____ en la sinagoga y en el templo, donde se _____ todos los judíos, y nada he hablado en _____".

. . .

10. Cual fue la última instrucción de Jesús a Pedro? _____
Ve a pescar, _____ Niégame, _____Sígueme,
_____Desayuna

CAPÍTULO 28

LUCAS – CARA DE HOMBRE

El Evangelio de Lucas – Cara de Hombre

VEMOS a través del Evangelio de Lucas los atributos que se necesitan para ser hijos del hombre. Vemos el ejemplo de Jesús en su humanidad, cómo Él vivió en la tierra entre los hombres. Cómo hizo las cosas, por lo que tenía que trabajar, su obediencia y su aceptación de su destino. Aprenderemos a vivir como un hombre en la tierra.

Goza, aprende y acepta tu destino.

Ser Dirigido

En Lucas 1:26-37, el ángel Gabriel fue enviado por Dios para decirle a María que concebiría y sería la madre de Jesús. Aquí vemos el llamado de Dios sobre la vida de María.

El ángel vino a hablar directamente con María sobre su destino. A pesar de que María estaba preocupada y temerosa, ella aceptó voluntariamente este 'llamado'. "**38** Entonces María dijo: He aquí la sierva del Señor; hágase conmigo conforme a tu palabra. Y el ángel se fue de su presencia".

Queremos escuchar de nuestro Creador y aceptar Su deseo de que nuestra vida cumpla Su propósito en la tierra. Si no estamos totalmente comprometidos en nuestro destino, nos resultará muy difícil movernos en la rueda - será en nuestra propia fuerza.

Deseemos movernos en la rueda y cumplir el propósito de Dios para nuestra vida. ¿Puedes decir como María dijo: "¿Hágase conmigo conforme a tu palabra?".

Dejar que otros te reconozcan

Lee Lucas 1: 39-48. Cuando María viene a visitar a Elizabeth, Juan saltó en el vientre de Elizabeth, reconociendo a Jesús. El espíritu de Elizabeth reconoce a María y a Jesús. "**42** y exclamó a gran voz, y dijo: Bendita tú entre las mujeres, y bendito el fruto de tu vientre".

El Espíritu Santo se movió a través de Elizabeth, y la criatura saltó en su vientre. Elizabeth dice: "**45** Y bienaventurada la que creyó, porque se cumplirá lo que le fue dicho de parte del Señor". El reconocimiento es de la creencia de María, y de su voluntad, de que el Señor cumpliría el destino a través de ella.

La respuesta de María 46-48: "Entonces María dijo: Engrandece mi alma al Señor; **47** Y mi espíritu se regocija en Dios mi Salvador. **48** Porque ha mirado la bajeza de su sierva;". María reconoce el llamado del Señor sobre ella y expresa humildad.

Repasemos:

¿Estás seguro en tu destino? ¿Puedes aceptar el reconocimiento de los demás y no tener una falsa humildad? ¿Puedes esperar a ser reconocido y ser afirmado por otros?

Confirmación Profética

Cuando Jesús fue llevado por sus padres al templo para hacer por él conforme al rito de la ley, tanto Simeón, un hombre devoto que fue prometido por Dios que no moriría hasta que viera al Cristo, y Ana la profeta testificaron que Jesús era el que vendría (el Mesías). Lucas 2: 25-38

El reconocimiento profético hace dos cosas:

• Confirma nuestro destino, lo que estamos llamados hacer.

• Declara nuestro llamamiento a otros.

Sin embargo, procura permitir que el Espíritu Santo haga el reconocimiento. Dios es el que sabe cuándo es el momento adecuado.

Estudia para ser llamado

"Y el niño crecía y se fortalecía, y se llenaba de sabiduría; y la gracia de Dios era sobre él." **52** "Y Jesús crecía en sabiduría y en estatura, y en gracia para con Dios y los hombres." Jesús aprendió habilidades naturales de José, (su oficio como carpintero) y también fue a la Sinagoga local (iglesia) y aprendió los principios fundamentales de su fe. Jesús fue a Jerusalén y pasó tiempo con los maestros, lo que añadió conocimiento y lo ayudó a madurarlo". Lucas 2:40, 52

Para ser el hijo del hombre tenemos que conocer nuestra herencia, nuestro llamamiento y tenemos que saber cómo vivir.

Obedece la Ley de Dios y la Tierra

"Aconteció que cuando todo el pueblo se bautizaba, también Jesús fue bautizado; y orando, el cielo se abrió, 22 y descendió el Espíritu Santo sobre él en forma corporal, como paloma, y vino una voz del cielo que decía: Tú eres mi Hijo amado; en ti tengo complacencia". Lucas 3:21, 22

Como requisito de la ley, Jesús fue bautizado. El bautismo es para confirmar nuestra fe en Dios y para declarar a quien pertenecemos. El Padre de Jesús reconoce esta obligación también declarando que Jesús es su Hijo. Jesús fue obediente tanto a Su Padre como a la ley.

No temas, ni rechaces las Pruebas

Jesús es llevado al desierto por el Espíritu Santo. No comió nada, y fue tentado por el diablo por 40 días. El diablo desafío a Jesús, pero porque Él sabía quién era, Él respondió con la Palabra y autoridad a la tentación del diablo. Las pruebas nos ayudan a fortalecer y confirmar nuestra posición (llamado). Lucas 4: 1-13 Después de esta experiencia...

Cuando Jesús fue a la sinagoga y se le dio el libro de Isaías para leer, leyó del capítulo 61:1-3 "El Espíritu de Jehová el Señor está sobre mí, porque me ungió Jehová; me ha enviado a predicar buenas nuevas a los abatidos, a vendar a los quebrantados de corazón, a publicar libertad a los cautivos, y a los presos apertura de la cárcel; 3 a proclamar el año de la buena voluntad de Jehová". Lucas 4: 18-19

Repasemos:

Al prepararnos para movernos con el Espíritu en la rueda, hemos visto los siguientes atributos:

Ser dirigidos, dejar que otros te reconozcan, obtener confirmación profética, estudiar para ser llamado, obedecer la ley de Dios y la tierra, no temer y rechazar las pruebas y estar seguros y confiados.

Jesús no podría haber leído de las Escrituras y declarado quién era Él con confianza sin el aliento de sus padres, los mentores, los maestros y los profetas. También pasó tiempo estudiando las Escrituras, la palabra de Dios.

Cuando nos movemos con el Espíritu en la rueda, queremos tener atributos que ayuden a nuestro prójimo. Nuestra confianza en quiénes somos como hijos debe estar segura. No podemos ser vencidos por dudas, miedos o inseguridades cuando estamos en una misión.

En la rueda, tenemos que centrarnos en la tarea que tenemos a mano, en sintonía con lo que el espíritu de la rueda está haciendo.

¿Cómo te ves ahora mismo como el hijo del hombre? ¿Estás asumiendo Sus atributos? ¿Estás dando los pasos correctos en tu camino para convertirte en un hijo del hombre?

¿Estás siguiendo los planes de Dios para cumplir tu destino?

Muchos aspectos de ser un Hijo del hombre son similares a los atributos de ser un 'Hijo de Dios'. Aunque esto puede parecer repetitivo, el punto principal del Evangelio de Lucas es tener atributos para trabajar eficazmente con el hombre. Recuerda, estamos madurando para movernos con el Espíritu en la rueda.

Moverse en la Autoridad

Lucas 4:32: "Y se admiraban de su doctrina, porque su palabra era con autoridad". Cuando enseñamos, ¿están otros asombrados por nuestra doctrina? ¿hay autoridad en nuestras palabras? Cuando Jesús enseñó, Su palabra estaba con poder. Considera tu vida, ¿qué situaciones podrías enfrentar donde necesitarás esta autoridad? ¿Entiendes la autoridad que tienes como hijo del hombre?

Aquí hay sólo algunos que fueron seleccionados: Tenemos autoridad sobre:

- Demonios – Lucas 4: 33-35

- Enfermedad – Lucas 4: 38, 39

- Naturaleza – Lucas 5: 1-11. Aunque Simón era un pescador por oficio, obedeció cuando Jesús le instruyó que entrara en las profundidades y bajara la red. ¿Confiamos y obedecemos de la misma manera, a pesar de que es contrario a nuestros instintos naturales?

- Profanación – Lucas 5: 12-14. El leproso requería más que sanidad. Sus circunstancias exigían una purificación.

- Leyes – Lucas 6:1 Recuerden que Jesús vino a cumplir la ley. Las leyes no están para atarnos o limitarnos, están para liberarnos. Los líderes religiosos estaban refiriéndose a la ley de no trabajar en el día de reposo. Jesús responde refiriéndolos a la ley sobre la cosecha. Deuteronomio 23:25

"¿A quién se enseñará ciencia, o a quién se hará entender doctrina? ¿A los destetados? ¿a los arrancados de los pechos? **10** Porque mandamiento tras mandamiento, mandato sobre mandato, renglón tras renglón, línea sobre línea, un poquito allí, otro poquito allá;" Isaías 28: 9-10

"Todo aquel que viene a mí, y oye mis palabras y las hace, os indicaré a quién es semejante. **48** Semejante es al hombre que al edificar una casa, cavó y ahondó y puso el fundamento sobre la roca; y cuando vino una inundación, el río dio con ímpetu contra aquella casa, pero no la pudo mover, porque estaba fundada sobre la roca. **49** Mas el que oyó y no hizo, semejante es al hombre que edificó su casa sobre tierra, sin fundamento; contra la cual el río dio con ímpetu, y luego cayó, y fue grande la ruina de aquella casa". Lucas 6:47-49

Actividades

La compasión hacia el hombre es muy evidente en el evangelio de Lucas. Estas son algunas de las cosas que nosotros como hijos hacemos al movernos en la rueda. Lucas 7:8, 9

• Sanar a los enfermos: Jesús estuvo dispuesto a ir a la casa de un centurión para sanar a su siervo e incluso no entrar en la casa. Lucas 7:8-10

• Resucitar a los muertos: La única motivación fue la compasión, ninguna otra razón. No es necesario que haya una razón para hacer algo bueno. Lucas 7:11-15

• Testimonio y acciones para eliminar la duda. Jesús no reprendió a Juan ni a sus discípulos por querer seguridad, sino que continuó haciendo lo que vino a la tierra para hacer, dándoles la seguridad. Lucas 7:18-23

No debe haber orgullo en este punto. En humildad, siempre haz para lo que has sido ungido y llamado a hacer. Jesús estaba haciendo lo que Él tenía que hacer. Con tanta frecuencia tratamos de hacer una demostración más grande, hacer algo extravagante. ¿Por qué?

Y entonces, ¿qué hizo Jesús?

Reconocer a los demás: Jesús habla de Juan y lo reconoce. Jesús rápidamente anuló la duda que la gente pudo haber tenido hacia Juan por hacer tal pregunta. Seamos rápidos en reconocer y autenticar a nuestros hermanos y hermanas. Lucas 7:24-29

Dar Consejo sabio: Jesús va a la casa de Simón a comer y allí también la mujer lava sus pies con aceite. Oh, llegar a ese lugar en Dios donde sin ofender podemos usar oportunidades para dar consejo sabio. Lucas 7:36-50

Alimentar al hambriento: Notar cuando la gente necesita tener comida y extendernos para alimentarlos. Sigue la voluntad del Padre - Lucas 9:22-26. Para que los hijos puedan moverse en la rueda y ser efectivos, la prioridad de nuestro Padre viene primero - Lucas 9:10-17

"Porque el Hijo del Hombre no ha venido para perder las almas de los hombres, sino para salvarlas". Lucas 9:56

Marta y María

Jesús estaba de visita en la casa de Marta y María. Marta estaba ocupada por lo mucho que debía servir y se estaba agobiando. María, por otro lado, estaba a los pies de Jesús y era allí donde el Espíritu se movía. Marta también tenía que estar allí, pero tenía que proporcionar comida. Traducción de Kenneth Wuest: Pero Marta estaba girando en círculos, sobreocupada con la preparación de la comida, e interrumpiendo a Jesús le dijo: "Señor, ¿no te da cuidado que mi hermana me deje servir sola? Dile, pues, que me ayude." Respondiendo Jesús, le dijo: "Marta, Marta, afanada y turbada estás con muchas cosas. Pero sólo una cosa es necesaria; y María ha escogido la buena parte, la cual no le será quitada". Lucas 10:38-42

¿Qué actividades estás haciendo que no son necesarias y te ocupan mucho tiempo y podrían hacer que te pierdas a dónde va el Espíritu y 'perder' el paseo en la rueda porque estás 'ocupado'?

Ocuparse

"Cuando el hombre fuerte armado guarda su palacio, en paz está lo que posee. 22 Pero cuando viene otro más fuerte que él y le vence, le quita todas sus armas en que confiaba, y reparte el botín. 23 El que no es conmigo, contra mí es; y el que conmigo no recoge, desparrama. El espíritu inmundo que vuelve. 24 Cuando el espíritu inmundo sale del hombre, anda por lugares secos, buscando reposo; y no hallándolo, dice: Volveré a mi casa de donde salí. 25 Y cuando llega, la halla barrida y adornada. 26 Entonces va, y toma otros siete espíritus peores que él; y entrados, moran allí; y el postrer estado de aquel hombre viene a ser peor que el primero". Lucas 11: 20-26

Asegúrate de asumir todos los atributos del Hijo Del Hombre para que tu casa sea ocupada con las cosas buenas "porque el Espíritu Santo os enseñará en la misma hora lo que debáis decir". Lucas 12:12

Busca el Reino – Lo Primero

¿Qué gran mundo podríamos vivir si pudiéramos comprender este concepto y tenerlo funcionando en nuestras vidas? "**23** La vida es más que la comida, y el cuerpo que el vestido." Aplica esto a tu vida y deja que Dios te muestre lo que esto realmente significa para ti. Creo que este es un área muy difícil de dar a nuestro Padre y tener suficiente confianza para que nos provea plenamente. **29** "Vosotros, pues, no os preocupéis por lo que habéis de comer, ni por lo que habéis de beber, ni estéis en ansiosa inquietud". ¿Con qué frecuencia dudamos de la provisión del Padre para nosotros? Hay varias situaciones en el evangelio de Lucas en las que Él desea confiar en el Padre. ¿Cómo podemos superarnos en estas áreas? Los versículos 31 y 32 nos dice cómo hacerlo. "Mas buscad el reino de Dios, y todas estas cosas os serán añadidas. No temáis, manada pequeña, porque a vuestro Padre le ha placido daros el Reino". Lucas 12:14-34

¿Ves esto? Es el buen placer del Padre, ¡**Su buen placer**! Hijo de hombre, ¿dónde está tu tesoro?

34 Determina en ti mismo de "permitir a Dios' y experimentar la increíble libertad de que se te añaden 'todas las cosas'.

Compasión

"Él entonces, respondiendo, le dijo: Señor, déjala todavía este año, hasta que yo cave alrededor de ella, y la abone. **9** Y si diere fruto, bien; y si no, la cortarás después". Lucas 13:6-9

La compasión a menudo requiere que pasemos nuestro tiempo extra con las personas para darles la oportunidad de dar fruto.

Desarrolla tu compasión, para que puedas moverte con Dios en la rueda para animar a tu prójimo a desarrollar frutos.

Considera el Costo. Lucas 14:25-35

Ser hijo tiene un precio, pero hay seguridad, satisfacción, paz y gozo cuando abrazamos plenamente nuestra adopción como Hijos de Dios. Pero, tenemos que considerar el costo, porque se necesita trabajo y compromiso para ser un hijo.

Analicemos el pasaje del hijo pródigo. Este hijo se dio cuenta de la seguridad al ser parte de la casa de su padre, incluso estaba preparado para ser un sirviente en la casa. También pon atención a la ira del hijo mayor, pero lo más importante es la respuesta del padre. Lucas 15:11-32

"Él entonces le dijo: Hijo, tú siempre estás conmigo, y todas mis cosas son tuyas". Lucas 15:31 ¿Te das cuenta de lo que es tuyo como hijo? "Y él les dijo: De cierto os digo, que no hay nadie que haya dejado casa, o padres, o hermanos, o mujer, o hijos, por el reino de Dios, que no haya de recibir mucho más en este tiempo, y en el siglo venidero la vida eterna". Lucas 18:29-30

"Porque el Hijo del Hombre vino a buscar y a salvar lo que se había perdido". Lucas 19:10

Repasemos:

Recuerda que la razón de este estudio es moverte en la rueda cuando el ESPÍRITU se mueve, para ministrar al hombre en la tierra. Abraza todo lo que es ser un Hijo para que puedas traer a los que están perdidos a la salvación.

Velar y Orar

"Tengan cuidado, no sea que se les endurezca el corazón por el vicio, la embriaguez y las preocupaciones de esta vida. De otra manera, aquel día caerá de improviso sobre ustedes, **35** pues vendrá como una trampa sobre todos los habitantes de la tierra. **36** Estén siempre vigilantes, y oren para que puedan escapar de todo lo que está por suceder, y presentarse delante del Hijo del hombre". Lucas 21:34-36 (NVI)

Qué amor tenía Jesús por Sus hermanos para advertirles continuamente, pero lo más importante, los alienta a mirar y orar para que no fueran vencidos por el enemigo. Tenemos que velar y orar continuamente.

Ser Investidos con Poder

"He aquí, yo enviaré la promesa de mi Padre sobre vosotros; pero quedaos vosotros en la ciudad de Jerusalén, hasta que seáis investidos de poder desde lo alto". Lucas 24:49

Hijos, ¿tienen el poder desde lo alto? Debemos tener todos los atributos del Hijo para ser Hijos del Hombre. ¿Te quedarás en la ciudad hasta que seas investido con el poder desde lo alto? ¿Te comprometes a largo plazo, esperarás hasta que seas ungido? Entonces realmente tendrás la capacidad de moverte por el Espíritu en la rueda.

Espera a ser investido con el poder del Espíritu Santo.

REPASO: EL EVANGELIO DE LUCAS – CARA DE HOMBRE

1. "He aquí la sierva del Señor; _____ _____ _____ a tu palabra".

2. "Y Jesús crecía en _____ y en estatura, y en _____ para con Dios y los hombres".

3. En Isaías 28:9 ¿a quién se refiere cuando dice: "¿A quién se enseñará ciencia, o a quién se hará entender doctrina?".

4. Seamos rápidos en _____ y _____ a nuestros hermanos y hermanas.

5. Lucas 12: 31-32 "Mas _____ el _____ de Dios, y todas _____ _____ os serán

_____. No temáis, manada pequeña, porque a vuestro Padre le ha _____ daros el Reino".

6. "Porque donde está vuestro _____, allí estará también vuestro _____".

7. La compasión a menudo requiere que pasemos nuestro _____ _____, con las personas para darles la oportunidad de _____ _____.

8. "Estén siempre _____, y _____ para que puedan escapar de todo lo que está por suceder...".

9. "He aquí, yo enviaré la promesa de mi Padre sobre vosotros; pero _____ vosotros en la ciudad de _____, hasta que seáis _____ de poder desde lo _____".

CAPÍTULO 29
MATEO – CARA DE LEÓN

El Evangelio de Mateo – Cara de León

El Evangelio de Mateo fue escrito para el pueblo escogido de Dios, los Judíos, la Tribu de Judá. En este libro, nuestro enfoque es ver cómo "los Elegidos de Dios" podemos llegar a una mayor comprensión de la Vivencia del Reino, debido a la vida que Jesús vivió y demostró para nosotros.
También vamos a ver a otras personas que demostraron una vida eficaz como creyentes.

¿Qué atributos necesitamos abrazar para movernos con el Espíritu de Dios en la rueda como el pueblo elegido de Dios?

- La Gente

- Hombre Común
- Hombre Sabio
- Hombre Designado
- Obediencia
- Conocimiento
- Cumplir la Ley
- Vivir el Camino del Reino
- Evidencia de la Vida del Reino
- Instrucciones a los Discípulos
- Plantarnos
- Cumplir la Ley
- No ser engañados
- Conocer tu destino
- Oración y Ayuno
- Funciones para el cuerpo de la Preparación de Cristo
- Fiel
- Sabio
- Recordar el Sacrificio
- Cumplir tu destino
- Comisión

La Gente – Hombre Común

José es dirigido por un ángel del Señor para tomar a María como esposa. José hizo como el ángel del Señor le mandó y nombró a su niño "Jesús"; cuando nació. José era un carpintero, ¿una persona común? Sí, sólo un carpintero. Sin embargo, José tuvo una conversación con un ángel, sabía que era de Dios, creyó al mensajero y estuvo dispuesto a obedecer. ¿Qué clase de hombre era? Sólo un hombre común, un hijo de David. No sólo estaba dispuesto a tomar a María como su esposa, llevando la vergüenza de que ella ya estaba embarazada, sino que eligió creer en el mensajero de Dios y permitir que se desarrollara la "Historia". "25 Pero no la conoció hasta que dio a luz a su hijo primogénito; y le puso por nombre JESÚS". Mateo 1:20-25

Era la "norma" en ese tiempo vivir una vida que estaba gobernada por la ley (ley de Moisés). José no era sacerdote, ni fariseo, ni evangelista. Era un hombre común que vivía una vida normal, un carpintero, siguiendo las enseñanzas de su herencia.

Hombre Sabio

"Cuando Jesús nació en Belén de Judea en días del rey Herodes, vinieron del oriente a Jerusalén unos magos, 2 diciendo: ¿Dónde está el rey de los judíos, que ha nacido? Porque su estrella hemos visto en el oriente, y venimos a adorarle". Mateo 2:1-2

Estos sabios magos fueron hombres eruditos especialmente en el estudio de las estrellas; también habrían tenido que tener conocimiento histórico para saber acerca de Cristo. Debido a su sabiduría y conocimiento, habían seguido a la estrella para venir adorar al nuevo Rey.

Esto era diferente a los eruditos de la época de Herodes, que leyeron las profecías, pero no entendían el significado de ellas. La traducción de Kenneth Wuest dice: "Y (Herodes) reuniendo a todos los principales sacerdotes del pueblo y a los hombres del pueblo eruditos en las Sagradas Escrituras, fue a preguntarles dónde debía nacer el Cristo. Y le dijeron: 'En Belén de Judea, porque así se ha escrito por medio del profeta y está registrado'".

El conocimiento de la historia y lo que se ha predicho es una parte esencial de poder moverse en la rueda. Como elegidos de Dios, necesitamos ponernos en posición conociendo nuestra historia Cristiana, nuestro pasado y nuestro futuro. Esto requiere estudio diligente. ¿Por qué deberíamos hacer estas cosas? - Para que cuando la rueda comience a moverse, estaremos preparados y podremos ir donde el espíritu se mueve con la rueda, al igual que los hombres sabios.

No sólo es conocimiento adquirido aprendiendo, sino un corazón que busca las cosas de Dios.

Hombre designado

Mateo 3:13, 14, 15: "Entonces Jesús vino de Galilea a Juan al Jordán, para ser bautizado por él. 14 Mas Juan se le oponía, diciendo: Yo necesito ser bautizado por ti, ¿y tú vienes a mí? 15 Pero Jesús le respondió: Deja ahora, porque así conviene que cumplamos toda justicia. Entonces le dejó". Tanto Jesús y Juan fueron hombres designados, designados para un trabajo específico.

Vemos a Jesús aquí decidido a cumplir toda justicia, y Juan consiente a la petición. Jesús era el hijo de Dios. No necesitaba ser bautizado, pero hizo esto para cumplir toda justicia, y hacer historia.

Repasemos:

¿Estás viviendo la vida de un creyente ordinario? ¿Podrías, en tu vida ordinaria como cristiano, estar "alineado" para tener una cita extraordinaria como José, María o incluso Elizabeth?

¿Eres un hombre sabio que conoce los tiempos y se posiciona para estar en el lugar correcto para ver la historia hecha, como los sabios o incluso Simeón y Anna?

¿Eres un hombre designado que avanza en rectitud para completar el trabajo que se te ha designado para hacer, como Juan y Jesús?

Veamos los atributos que necesitarás para ayudarte a lograr esto.

Obediencia

"Pero siendo avisados por revelación en sueños que no volviesen a Herodes, regresaron a su tierra por otro camino. 13 Después que partieron ellos, he aquí un ángel del Señor apareció en sueños a José y dijo: Levántate y toma al niño y a su madre, y huye a Egipto, y permanece allá hasta que yo te diga; porque acontecerá que Herodes buscará al niño para matarlo. 14 Y él, despertando, tomó de noche al niño y a su madre, y se fue a Egipto," Mateo 2:12-14.

"Entonces Jesús vino de Galilea a Juan al Jordán, para ser bautizado por él. 14 ^{Mas} Juan se le oponía, diciendo: Yo necesito ser bautizado por ti, ¿y tú vienes a mí? 15Pero Jesús le respondió: Deja ahora, porque así conviene que cumplamos toda justicia". Mateo 3:13, 14, 15.

La obediencia era sin dudar. El niño, Jesús, habría sido asesinado si los sabios no hubieran ido por un camino diferente; José no habría tenido tiempo de escapar a Egipto. Si Jesús y Juan no hubieran obedecido la ley para bautizar a Jesús, la confirmación por el Espíritu de que Jesús era el hijo de Dios, podría no haber sucedido.

La obediencia es un atributo del pueblo escogido de Dios, necesario para poder moverse en la rueda. Ezequiel 1:12

Conocimiento

Nuestro conocimiento de nuestra fundación y de la historia bíblica es muy importante. Nos da un peldaño hacia nuestro futuro. Las verdades de lo que se dijo y se hizo pueden dirigir nuestros pasos. Mateo 4

Veamos como Jesús usó la verdad histórica después de su experiencia en el desierto cuando el diablo lo tentó.

"El respondió y dijo: Escrito está: No sólo de pan vivirá el hombre, sino de toda palabra que sale de la boca de Dios". Mateo 4:4

Esta cita es de Deuteronomio 5 - como un niño, Jesús habría estudiado los libros de la ley. Deuteronomio 8:3 dice: "para hacerte saber que no sólo de pan vivirá el hombre, más de todo lo que sale de la boca de Jehová vivirá el hombre".

Jesús responde: "Escrito está también: No tentarás al Señor tu Dios" Mateo 4:7. Deuteronomio 6:16: "Entonces Jesús le dijo: Vete, Satanás, porque escrito está: Al Señor tu Dios adorarás, y a él sólo servirás". Mateo 4:10: "A Jehová tu Dios temerás, a él solo servirás, a él seguirás, y por su nombre jurarás". Deuteronomio 10:20

Jesús fue capaz, con el conocimiento de la Ley (Su fundamento), de hacer una declaración firme contra la tentación de Satanás usando la palabra de Dios. Satanás también conocía la palabra de Dios; no pudo discutir con Jesús. La palabra es verdad y poder.

Lee Deuteronomio 6:12-22. Esto te dará mucha información sobre la razón por la que nosotros como creyentes necesitamos nuestra historia.

Cumplir la Ley

En Mateo 5:1-20, Jesús está enseñando a Sus discípulos los principios de vivir, a través de verdades fundamentales, animando a los discípulos a aplicarse a sí mismos. Entonces declara firmemente que como hijos de Dios necesitamos guardar toda la ley y además amar la justicia, la justicia que cumple la ley. Estamos viendo un estilo de vida totalmente aceptable para Dios.

"Porque os digo que si vuestra justicia no fuere mayor que la de los escribas y fariseos, no entraréis en el reino de los cielos". Mateo 5:20

Este pasaje es importante de entender y aplicar a nuestra vida. Es clave para un ministerio exitoso para la familia de Cristo. Jesús asegura a los discípulos que las leyes mosaicas seguían siendo aplicables, pero justicia, gracia y verdad deben aplicarse para cumplir la ley.

Repasemos:

Como creyente, un miembro del cuerpo de Cristo, ¿es tu justicia "mayor"?

"De manera que cualquiera que quebrante uno de estos mandamientos muy pequeños, y así enseñe a los hombres, muy pequeño será llamado en el reino de los cielos;" Mateo 5:19.

Evalúa ante Dios dónde estás en tu vida en lo que respecta a obtener estos atributos de un verdadero creyente. No importa lo que haces, importa qué tipo de rectitud tienes. ¿Tienes la ley, o la ley con gracia y verdad? Jesús no vino a destruir la ley; El vino a cumplirla.

¿Conoces los principios fundamentales de la fe Cristiana? ¿Qué significa para ti el fundamento?

Nuestra herencia, nuestra historia y nuestro fundamento es lo que nos hace quienes somos. José, el padre de Jesús, los Sabios, Juan el Bautista y Jesús conocían el fundamento de su fe. Se les fue enseñado cuando eran niños pequeños en la Sinagoga, en la mesa familiar cada semana, y en días de conmemoración como la Pascua. Este aprendizaje y fundamento es lo que les permitió vivir sus vidas al máximo y hacer historia.

Ellos escucharon, estudiaron, obedecieron y utilizaron el conocimiento de su herencia para cumplir su destino.

Vivir el Camino del Renio

Lee Mateo Capítulos 5 – 7. Verás a Jesús enseñando sobre varios aspectos de vivir en el reino usando las leyes escritas en Éxodo, Levítico, Deuteronomio y Jueces. Él da una visión de estas situaciones para que la ley no sea un ritual, sino gobernada por la justicia, la gracia y la misericordia, para que haya libertad.

¿De qué maneras sigues viviendo según la ley? Comienza a aprender y vivir por aplicación justa para que puedas moverte con el Espíritu en la rueda. Debemos 'subir más alto en el Amor de Dios' para movernos en la rueda.

Algunos ejemplos de la Ley y el pensamiento del Reino:

Mateo 5:21 La ley – Si matas serás juzgado.

5:22 El cumplimiento - Si estás enojado y dices "fatuo", o dices que alguien es un tonto, correrás el riesgo de ir al infierno.

5:27 La ley – No cometas adulterio.

5:28 El cumplimiento – Wuest "Todos los que están mirando a una mujer para satisfacer su pasión sexual por ella, ya cometieron adulterio con ella en su corazón".

5: 33 La ley - No tomes un juramento sobre ti mismo... o del Señor porque es vinculante.

5: 34-37 El cumplimiento – No jures sobre alguien o algo. "Pero sea vuestro hablar: Sí, sí; no, no".

5:43 La ley – "Amarás a tu prójimo, y aborrecerás a tu enemigo".

5:44 El cumplimiento – "Pero yo os digo: Amad a vuestros enemigos, bendecid a los que os maldicen, haced bien a los que os aborrecen, y orad por los que os ultrajan y os persiguen".

6:1 La religión – Cuando dan limosna, hacen tocar la trompeta

6:3-4 La rectitud – Haz tus ofrendas en secreto, y tu Padre en el cielo te recompensara.

6:5 La religión – "...hipócritas; porque ellos aman el orar en pie en las sinagogas y en las esquinas de las calles..."

6:6 La rectitud – "...entra en tu aposento, y cerrada la puerta, ora a tu Padre que está en secreto; y tu Padre que ve en lo secreto te recompensará en público".

Repasemos:

En Mateo 19: 16-23, Jesús no estaba siendo cruel con el joven, estaba dirigiendo la actitud de su corazón. La traducción de Wuest nos ayuda a entender lo que Jesús estaba diciendo. "Pero Jesús le dice: Empieza a seguirme como mi discípulo y continúa haciéndolo como hábito de vida...". Cuando hacemos que algunas cosas se conviertan en hábitos en nuestras vidas, es cuando habrá fruto de eso, sea bueno o malo. Nuestro objetivo en este estudio es hacer de nuestro "hábito de vida" la vida del reino - esto es lo que produce fruto, buen fruto.

Permite que Dios te muestre las áreas de tu vida que necesitan ser llenadas y rectas. A medida que comiences a hacer estos atributos hábitos en tu vida, se volverá tan natural, empezarás a moverte con el Espíritu en la rueda sin siquiera pensar en ello.

Evidencia de la Vida del Reino

"Por sus frutos los conoceréis. ¿Acaso se recogen uvas de los espinos, o higos de los abrojos? **17** Así, todo buen árbol da buenos frutos, pero el árbol malo da frutos malos. **18** No puede el buen árbol dar malos frutos, ni el árbol malo dar frutos buenos. **21** No todo el que me dice: Señor, Señor, entrará en el reino de los cielos, sino el que hace la voluntad de mi Padre que está en los cielos". Mateo 7:16, 17, 18 y 21

Mateo – Cara de León

"Entonces dijo a sus discípulos: A la verdad la mies es mucha, más los obreros pocos. 38 Rogad, pues, al Señor de la mies, que envíe obreros a su mies". Mateo 9:37, 38 Estamos viendo lo que producimos que proviene del resultado de ser hijos maduros del Reino de Dios.

Recuerda que estamos desarrollando atributos para hacernos hijos maduros de nuestra herencia - el León

La razón es moverse en la rueda con el Espíritu del Señor para...

- Sanar: el leproso pregunta "Señor, si quieres, puedes limpiarme".... Jesús levanta su mano y dice: "Quiero, sé limpio". Llevar la sanidad es un producto de la vida en el reino. Mateo 8:3, 4, 5

- Echar fuera demonios: la autoridad que tenemos por la "palabra" nos permite hablar a estos espíritus y ellos obedecerán la palabra. Mateo 8:28-33

- Tener autoridad: la conocida historia del centurión... "Señor, no soy digno de que entres bajo mi techo; solamente di la palabra, y mi criado sanará. 9 Porque también yo soy hombre bajo autoridad, y tengo bajo mis órdenes soldados; y digo a éste: Ve, y va...". El centurión reconoció que Jesús estaba bajo autoridad. Mateo 8:8

- Tener Misericordia: recuerda que estamos siendo enviados a los perdidos, aquellos que necesitan un doctor. Mateo 9:12, 13

- Ve a las ovejas perdidas de Israel. Mateo 10:6

- Declara que el Reino del Cielo está cerca. Mateo 10:7

- Sanar al enfermo, limpiar al leproso, resucitar muertos y echar fuera demonios. Mateo 10:8

- Recuerda que el discípulo no está sobre su maestro, ni el siervo sobre su señor. Mateo 10:24

"Entonces dijo a sus discípulos: A la verdad la mies es mucha, más los obreros pocos. **38** Rogad, pues, al Señor de la mies, que envíe obreros a su mies". Mateo 9: 37, 38

Plantarnos

Lee la parábola en Mateo 13: 24-30, después lee la explicación en 37-43.

A menudo, nos dejamos llevar, preocupándonos por la maldad que nos rodea, y tratamos de detenerla y nos desarraigamos. Como hijos del reino, necesitamos ocuparnos sobre los asuntos de nuestro Padre, haciendo lo que Él nos ha designado hacer: plantarnos, crecer en Dios y dar fruto. Cuando la cosecha esté lista, nuestro Padre en el cielo vendrá por nosotros, y nos dará la bienvenida a casa y aquellos que fueron sembrados engañosamente serán condenados.

¿Qué tiene que ver esto con el movimiento de la rueda? Necesitamos dedicar tiempo para desarrollar nuestros atributos para que podamos producir fruto y ser parte de la buena cosecha y no contender con el mal que se está sembrando. Seamos decididos a ser plantados por Dios. Mateo 15:14 Jesús dice "Dejadlos..." A menudo podemos pasar un tiempo valioso tratando de destruir el mal a nuestro alrededor, debatiendo y discutiendo. Es nuestro trabajo conseguir nuestros atributos y movernos con el Espíritu en la rueda para producir fruto, para que haya cosecha.

Dios es el que separará el fruto de la cizaña cuando regrese.

Cumplir la Ley

"¿No entendéis que todo lo que entra en la boca va al vientre, y es echado en la letrina? **18** Pero lo que sale de la boca, del corazón sale; y esto contamina al hombre". Mateo 15: 17, 18

La ley es buena – nos mantiene seguros – pero si nuestros corazones no son lavados con la Palabra, en lo que participamos, y dejamos entrar en nuestro corazón y espíritu, nos contaminará y eso es lo que saldrá de nuestros corazones.

Convertirnos en hijos de Dios requiere que nos lavemos en la palabra, tomemos Sus atributos, vivamos un estilo de vida que haga otros sepan quiénes somos: los Hijos de Dios.

No ser engañados

Lee Mateo 16:1-12

Los líderes religiosos estaban tentando a Jesús, pidiendo una señal del cielo. Él advierte a sus discípulos a no ser cegados por la (falsa) enseñanza de los fariseos y saduceos, la religiosidad de su enseñanza.

Conoce tu Destino

"Desde entonces comenzó Jesús a declarar a sus discípulos que le era necesario ir a Jerusalén y padecer mucho de los ancianos, de los principales sacerdotes y de los escribas; y ser muerto, y resucitar al tercer día". Mateo 16:21, 22, 23

Cuando Pedro lo rebate, Jesús responde, "¡Quítate de delante de mí, ¡Satanás!; me eres tropiezo, porque no pones

la mira en las cosas de Dios, sino en las de los hombres".
Mateo 16:23

Jesús conocía su destino, por lo tanto, Él pudo proponerse cumplirlo.

¡Imagínate lo que habría pasado si Jesús se hubiera salido de la rueda en ese momento!

Repasemos:

¿Conoces tu destino? Ya sea que eres un hombre ordinario, un hombre sabio o un hombre designado, mira dónde estás en tu vida con el destino que Dios ha puesto ante ti. Conoce tu destino para que puedas cumplirlo y no descarrilarte. Recuerda que te estás preparando para viajar en la rueda con Dios.

Oración y Ayuno

Mateo 17:20, 21: "Pero este género no sale sino con oración y ayuno".

Esta respuesta particular viene después de que los discípulos no son capaces de reprender al demonio de un niño, Jesús dijo que los discípulos eran de 'poca fe'. El atributo de orar y ayunar es lo que aumenta la fe y lo que es necesario para ciertos 'tipos' de fuerzas demoníacas.

Recuerda que estamos analizando los atributos en el evangelio de Mateo para poder movernos en la rueda para servir nuestra familia, el cuerpo de Cristo.

Funciones para el Cuerpo de Cristo

Mateo 20:25, 26, 27, 28: "Entonces Jesús, llamándolos, dijo: Sabéis que los gobernantes de las naciones se enseñorean de ellas, y los que son grandes ejercen sobre ellas potestad. **26** Mas entre vosotros no será así, sino que el que quiera hacerse grande entre vosotros será vuestro servidor, **27** y el que quiera ser el primero entre vosotros será vuestro siervo; **29** como el Hijo del Hombre no vino para ser servido, sino para servir, y para dar su vida en rescate por muchos".

Lee los Capítulos 18, 19, 20 y 21

Algunos ejemplos:

- Tomarse el tiempo para encontrar a quienes no conocen a Dios personalmente y regocijarles - Mateo 18:13

- Cuando los hermanos ofenden y cometen un acto de pecado - Mateo 18:15-17

- Llegar a un acuerdo en mi nombre - Mateo 18:18, 19, 20

- El principio de perdonar - Mateo 18:21-35

Preparación

"Y entró el rey para ver a los convidados, y vio allí a un hombre que no estaba vestido de boda. **12** Y le dijo: Amigo, ¿cómo entraste aquí, sin estar vestido de boda? Mas él enmudeció". Mateo 22:11, 12

Después de que llamaron a los invitados a la boda todavía había espacio en el banquete, porque algunos estaban demasiado ocupados en sus asuntos cotidianos.

La llamada a la salvación es para todos aquellos que son indigentes y perdidos, incluso desde las caminos y vallados.

Jesús invita a todos los que están perdidos, cuando aceptamos la invitación de la salvación, debemos prepararnos como una novia para la venida del "novio".

Fiel

"¿Quién es, pues, el siervo fiel y prudente, al cual puso su señor sobre su casa para que les dé el alimento a tiempo? 46 Bienaventurado aquel siervo al cual, cuando su señor venga, le halle haciendo así. 47 De cierto os digo que sobre todos sus bienes le pondrá". Mateo 24:45, 46, 47

Cuando el señor de la casa puede dejar la responsabilidad de la familia a un siervo fiel y sabio y sabe que su hogar será cuidado, este es un hijo maduro. La fidelidad es un atributo clave moviéndose en la rueda.

Sabio

La sabiduría justa es también un atributo clave para nuestras metas en la vida. Como los ejemplos de las vírgenes sabias y los siervos a quienes se les dio talentos. Si esperáramos o tratáramos de ayudar a otros que no están haciendo un esfuerzo en ellos mismos, podríamos encontrarnos no listos para estar en la fiesta de la boda o no ser capaces de reproducir lo que Dios ha designado para que nosotros hagamos. El resultado es no poder estar presente con Dios. Mateo 25:1-13 y 14-30

Recordar el Sacrificio

Cuando comemos juntos como creyentes, se nos instruye a partir pan para recordar el sacrificio de Jesús. Esto nos animará a obtener los atributos que necesitamos, que estamos unidos, y recordar para qué fue el propósito de la muerte de Jesús. Mateo 26:26-28

Cumple Tu Destino

Es importante luchar la batalla correcta y no ir delante de la rueda. Jesús alienta a cada uno a permitir el cumplimiento de su destino. "54 ¿Pero cómo entonces se cumplirían las Escrituras, de que es necesario que así se haga?" Mateo 26:51-54.

Comisión

"Por tanto, id, y haced discípulos a todas las naciones, bautizándolos en el nombre del Padre, y del Hijo, y del Espíritu Santo; 20 enseñándoles que guarden todas las cosas que os he mandado; y he aquí yo estoy con vosotros todos los días, hasta el fin del mundo. Amen". Mateo 28:19,20

¡Este es el propósito! Ser comisionado.

Todos los atributos de Cristo, como siervo –el buey, como hijo de Dios – el águila, como hijo del hombre – el hombre, y nuestra herencia como elegidos de Dios – el León es lo que necesitamos para poder movernos con Dios por el Espíritu en la rueda, cuando somos comisionados.

DISFRUTA EL VIAJE

REVISIÓN: MATEO – CARA DE LEÓN

1. No solo es _____ adquirido aprendiendo, sino un _____ que busca las cosas de Dios.

2. ¿Eres un hombre _____ que avanza en _____ para completar el trabajo que se te ha designado para hacer?

3. La _____ es un atributo del pueblo _____ de Dios, necesario para poder moverse en la rueda.

4. Satanás conocía la _____ de Dios; no pudo discutir con Jesús. La palabra es _____ y poder.

. . .

5. Jesús asegura a los discípulos que las leyes mosaicas seguían siendo aplicables, pero _____, _____ y _____ deben _____ para cumplir la ley.

6. Ellos escucharon, _____, _____ y utilizaron el conocimiento de su herencia para cumplir su destino.

7. Es nuestro trabajo conseguir nuestros _____ y movernos con el Espíritu en la rueda para _____ fruto, para que haya _____.

8. Convertirnos en hijos de Dios requiere:

a. Lavarnos en la palabra (tomar Sus atributos)

b. Vivir un estilo de vida por el que otros nos reconocerán

c. Relajarnos y dejarlo todo a Dios

d. a y b

9. El atributo de orar y ayunar es lo que aumenta la fe y lo que es necesario para vencer fuerzas demoníacas.

a. Verdadero

b. Falso

. . .

10. "Por tanto, _____, y _____ discípulos a todas las naciones, _____ en el nombre del Padre, y del _____, y del Espíritu _____; _____ que guarden todas las cosas que os he _____ ; y he aquí yo _____ con vosotros todos los días, hasta el fin del mundo". Amen

RESPUESTAS: LA RUEDA DE EZEQUIEL

La Revelación de Jesucristo

1. siervo, Hijo de Dios, Hijo del hombre, Rey
2. nosotros, poder, gloria
3. adelante, andaban, volvían
4. Verdadero
5. permitir que Dios nos entrene totalmente por el Espíritu del Señor
6. Espíritu Santo
7. siervo, orgullo
8. Gozo, Justicia, Amor, Paz, Santidad
9. Falso
10. Verdadero

11. recibió, revelación, poder del espíritu, Jesús, hablando
12. Verdadero
13. deleitarás, daré, heredad, boca
14. Falso
15. preparando, poderosa, prepararnos, plenitud, obedecerlo, plenitud, Padre
16. odio, ira, orgullo

Marcos – Cara de Buey

1. de, mañana, con, oración, dirección, Maestro, movernos, rueda
2. discípulos, dirección, Padre, cada
3. servimos, puesto ante nosotros
4. Verdadero
5. No, servido, rescate
6. perdonad, algo
7. Verdadero
8. Espíritu, multitud, mayoría
9. atributos, aprendemos
10. Falso

. . .

Juan – Hijo de Dios

1. todos, creen, nombre, potestad
2. Verdadero
3. asistencia divina
4. Verdadero
5. cumplir, gracia, verdad
6. nada, ve, todo, igualmente
7. esclavitud, placer, obedecer, Gozo, consuelo, Padre
8. creído, permaneciereis, discípulos
9. hablado, abiertamente, enseñé, reúnen, secreto
10. sígueme

El Evangelio de Lucas – Cara de Hombre

1. hágase conmigo conforme
2. sabiduría, gracia
3. a los destetados y arrancados de los pechos
4. reconocer, autenticar
5. buscad, reino, estas cosas, añadidas, placido
6. tesoro, corazón
7. tiempo extra, dar fruto

8. vigilantes, oren

9. quedaos, Jerusalén, investidos, alto

Mateo – Cara de León

1. conocimiento, corazón
2. designado, rectitud
3. obediencia, escogido
4. palabra, verdad
5. justicia, gracia, verdad, aplicarse
6. estudiaron, obedecieron,
7. atributos, producir, cosecha
8. a. lavarnos en la palabra (tomar Sus atributos)
9. Verdadero
10. id, haced, bautizándolos, Hijo, Santo, enseñándoles, mandado, estoy

AGRADECIMIENTOS

Hay muchos que forman parte de este manual; muchos autores y editores, transcriptores y artistas. Ha llevado más de 40 años escribir este manual.

Gracias a todos:

"6 Yo sembré, Apolos regó, pero Dios ha dado el crecimiento. 7 Así que no cuenta ni el que siembra ni el que riega, sino solo Dios, quien es el que hace crecer. 8 El que siembra y el que riega están al mismo nivel, aunque cada uno será recompensado según su propio trabajo."

1 Corintios 3:6-8 (NVI)

- facebook.com/AllNationsIs58
- twitter.com/AllNationsIs58
- instagram.com/AllNationsIs58
- amazon.com/author/all-nations